以爱为瘾
如何从关系纠缠中恢复

Facing Love Addiction
Giving Yourself the
Power to Change the Way You Love

[美] 皮亚·梅洛蒂 (Pia Mellody)　安德烈亚·威尔斯·米勒 (Andrea Wells Miller)　J. 基思·米勒 (J. Keith Miller) 著

李智 常邵辰 译

机械工业出版社
CHINA MACHINE PRESS

Pia Mellody, Andrea Wells Miller, J. Keith Miller. Facing Love Addiction: Giving Yourself the Power to Change the Way You Love.

Copyright © 1992, 2003 by Pia Mellody, Andrea Wells Miller, and J. Keith Miller.

Simplified Chinese Translation Copyright © 2025 by China Machine Press.

Simplified Chinese translation rights arranged with HarperOne, an imprint of HarperCollins Publishers through Bardon-Chinese Media Agency. This edition is authorized for sale in the Chinese mainland (excluding Hong Kong SAR, Macao SAR and Taiwan).

No part of this book may be reproduced or transmitted in any form or by any means, electronic or mechanical, including photocopying, recording or any information storage and retrieval system, without permission, in writing, from the publisher.

All rights reserved.

本书中文简体字版由 HarperOne, an imprint of HarperCollins Publishers 通过 Bardon-Chinese Media Agency 授权机械工业出版社在中国大陆地区（不包括香港、澳门特别行政区及台湾地区）独家出版发行。未经出版者书面许可，不得以任何方式抄袭、复制或节录本书中的任何部分。

北京市版权局著作权合同登记　图字：01-2023-5216 号。

图书在版编目（CIP）数据

以爱为瘾：如何从关系纠缠中恢复 /（美）皮亚·梅洛蒂（Pia Mellody），（美）安德烈亚·威尔斯·米勒（Andrea Wells Miller），（美）J. 基思·米勒（J. Keith Miller）著；李智，常邵辰译. -- 北京：机械工业出版社，2025. 6. -- ISBN 978-7-111-78431-9

Ⅰ. C913.1

中国国家版本馆 CIP 数据核字第 2025RX8314 号

机械工业出版社（北京市百万庄大街 22 号　邮政编码 100037）
策划编辑：胡晓阳　　　　　　　　责任编辑：胡晓阳
责任校对：张勤思　杨　霞　景　飞　责任印制：任维东
河北宝昌佳彩印刷有限公司印刷
2025 年 8 月第 1 版第 1 次印刷
147mm×210mm・7.75 印张・1 插页・171 千字
标准书号：ISBN 978-7-111-78431-9
定价：59.00 元

电话服务　　　　　　　　　网络服务
客服电话：010-88361066　　机 工 官 网：www.cmpbook.com
　　　　　010-88379833　　机 工 官 博：weibo.com/cmp1952
　　　　　010-68326294　　金 书 网：www.golden-book.com
封底无防伪标均为盗版　　　机工教育服务网：www.cmpedu.com

作者按语

Facing Love Addiction

本书是自 1992 年第 1 版出版后的修订版本，增添了我对爱恋成瘾（love addict）和共依赖（codependence）的新见解。

本书对第 1 版的主要更改有以下四点。

第一，在第 1 版中，我将爱恋成瘾者的伴侣称为"回避成瘾者"（avoidance addict）。"成瘾"这个词指对事物无法控制的渴望，而所谓的"回避成瘾"则表现了一种完全相反的特质——与渴望保持距离或自我疏离。为了表达得更精准，我在本书中将爱恋成瘾者的伴侣称为"爱恋回避者"（love avoidant）。

第二，本书更清晰地描述了爱恋回避者和爱恋成瘾者的互动方式，这种吸引和疏远的恶性循环只在双方都参与其中（即双方的不良能量相互交织）时才会出现。对这种共成瘾关系（co-addicted relationship）的思考应整体、全面地考虑双方的互动。

第三，本书中大多数经过修订或新增的内容都是关于爱恋回避者的，他们是我所说的"纠缠型创伤"（enmeshment trauma）的产物。在其童年时期，爱恋回避者通常会成为父母的照顾者，或者他们把自己的幸福和成年养育者的幸福纠缠在一起。我意识到由于这种纠缠型创伤（情感上被忽视），爱恋回避者在成年后至少会持有三种错误的、有意识或无意识的信念：

1. 照顾有需求的人才会产生自我价值。
2. 照顾有需求的人是自己的天职。因此，我是出于责任心或避免内疚才进入一段亲密关系的，而非出于爱。
3. 与某人亲近意味着我会被控制或束缚，所以我避免与他人太过亲近。

这里呈现的新内容描述了这些错误的信念对爱恋回避者情感循环的影响。

第四，我修改了对爱恋成瘾者如何看待爱恋回避者的疏离行为或冷漠态度的描述。在第 1 版中，我把这种疏离行为称为"抛弃"。但在这些年，我发现"抛弃"这个字眼更适合描述某些成年人和他们的孩子之间的关系，因为在那种关系中，孩子在身体和精神上依赖父母的关爱，而父母的冷漠会造成孩子的被剥夺感。在成年人之间的关系中，如果没有从伴侣那里得到想要的东西，我们可能会感到痛苦。但如果我们在心理上是健康的，我们的自尊或自我照顾的能力不会因此被剥夺。简而言之，心理健康的成年人不会被抛弃。

我还完善了关于爱恋成瘾者和爱恋回避者之间吸引和疏离过程的情感循环阶段图（见第 6 章图 6-2），希望它能让你更清晰地了解爱恋成瘾者和爱恋回避者之间的失常但又充满张力的纠葛，也能让你更明确康复的方向。

皮亚·梅洛蒂
亚利桑那州，威肯堡
2002 年

前言
Facing Love Addiction

如果你似乎总是选择去爱那些明显不能或不会爱你的人，那么这本书就是为你而写的。如果你几乎已经放弃了寻找一个真正爱你的重要伴侣——无论是配偶、恋人、孩子、父母还是朋友——那么有个好消息：你其实是可以得到他们的爱的，虽然这需要付出很多努力。如果你处在一段爱恋成瘾的关系中，通过本书描述的方法进行治疗，你最终可以康复，成为一个能够爱人也能够被他人所爱的人。

"爱恋成瘾"是一种给爱恋成瘾者及其伴侣都带来痛苦的强迫行为：爱恋成瘾者以一种逼迫性的、对谁都没有好处的方式爱他人。关于爱恋成瘾的研究是最近才出现的。在 1975 年，斯坦顿·皮尔（Stanton Peele）和阿奇·布罗德斯基（Archie Brodsky）合著了一本名为《爱和成瘾》(*Love and Addiction*)的书。然而，直到 1986 年，有关爱恋成瘾的另一本书《性与匿名的爱恋成瘾者》(*Sex and Love Addicts Anonymous*)才出版。此后，越来越多的畅销书讨论了爱恋成瘾现象，尽管在心理学文献中列出的相关文章或书籍仍然很少。㊀

㊀ 相关信息请参考"推荐阅读"。我们列出了一些在文献研究中得到的结果，你可以在附录 A 中找到。

很快我们就清楚地认识到，好像从来没有人能把爱恋成瘾从日常用语中分离出来，并把这个概念认真地说清楚。

很多人会把爱恋成瘾和共依赖混为一谈。然而，皮亚·梅洛蒂在她的多年咨询工作中发现，当某些共依赖者的共依赖问题似乎得到成功治疗后，他们仍然无法与自己极度渴望与之纠缠的对象建立正常的联系，也无法与之断绝关系。显然，还有更深层的问题存在。

作为作者，我们很清楚本书描述的个人经验和临床表现已经超越了目前的心理学研究。更不用说本书描述的治疗方法已经缓解了很多人在爱恋成瘾和共依赖关系中的痛苦，也帮助了我们自己去处理私人关系。这些都是我们坚持写作本书的缘由。

皮亚·梅洛蒂、安德烈亚·威尔斯·米勒和 J. 基思·米勒

致谢

Facing Love Addiction

我想感谢四位特别的人所做出的贡献。

我的朋友和导师，Janet Hurley，她还是一位治疗师。她充满关爱的指正、对我的支持以及她的见解，让我能面对自己的爱恋成瘾问题并从中康复。

我的朋友，Ann Worth 医生。她在我康复的过程中给予了很多帮助和支持。

我的朋友，Michael Scott，他也是一位治疗师，是他将爱恋成瘾者的伴侣概括为"回避成瘾者"，我在第 1 版中使用了这个词。虽然我在本书中将这个词改为"爱恋回避者"，但他最初的建议对我形成这些概念非常有帮助。

我的治疗师，Susan Maxwell 博士，她开展了非凡、卓越的治疗工作。与她交谈并被她支持让我对生活和人际关系重燃希望。她明确而坚定地对我的问题进行干预，让我看清事情的本质。就像一位优秀的导演一样,她指引着我,让我明白如何面对生活中的起落,而且让我以自己的方式渡过难关。

皮亚·梅洛蒂

我们也希望感谢两位读者,Vicki Spencer 和 Ray Thornton,你们细心的关注、热情的支持以及真诚的反馈对本书的撰写很有帮助。然而,皮亚·梅洛蒂和我们本来就负有让全书的表述保持清晰的责任,因此,若书中仍存在错误或让人困惑之处,这两位读者不应为其受到指责。

安德烈亚·威尔斯·米勒和 J. 基思·米勒

引言

Facing Love Addiction

凯蒂放下那张带着香气的粉红色信纸,上面满是大胆、飘逸的字迹。她的眼里噙满泪水,哽咽着,痛苦地蹲下身子。"天啊,罗尼,你怎么又有外遇了?"她啜泣着,"我受不了了。"

这封信是凯蒂准备洗衣服时,在罗尼的外套口袋里发现的。这是一封来自卡西的情书。卡西是罗尼的秘书,一个月前刚入职。这封信残酷地描述了一次在阿卡普尔科的充满乐趣的约会,凯蒂以为罗尼那时在得克萨斯州的圣安东尼奥出差。

凯蒂是一位美丽且苗条、有着均匀的小麦色皮肤的女人,她和罗尼已经结婚八年了。虽然她已经 35 岁了,但她常常让人误认为只有 25 岁。自从两年前他们险些离婚后,她一直努力保持身材,迫切希望得到丈夫的爱和关注。然而,她似乎永远都得不到满足。

就在他们刚结婚几个月之后,罗尼似乎心不在焉,与她保持着距离。他解释说,这是因为他的生意变好了。而且,他似乎永远都有一堆工作需要带回家做。他越来越习惯在晚上开会,出差的次数也越来越多。随后,凯蒂发现罗尼有了外遇,对方是一个她不认识的人。一开始她感到震惊，继而愤怒，她质问罗尼，并威胁说如果他不结束这段关系，她就离开。罗尼说他需要想想，结果，她就趁着罗尼出差时，把他的衣服打包寄到了他的办公室，而且把家里的锁也换了。这些行动是要逼罗尼立刻做出决定（跟外遇者分手）。她可能被罗尼的离开吓坏了。她准备好了：如果罗尼决定要离开她，她要跪在他面前，求他回头。她知道，如果失去罗尼，她自己什么意义都没有。她别无选择。

她成功了。罗尼给她送玫瑰花，带她出去吃晚饭，动情地倾吐他的歉意，保证他不会再犯。他发誓爱她，而且从未希望失去她。凯蒂相信了他，于是慢慢地，她的心中重新燃起了希望，感到很开心。这些积极情感的强烈程度让濒临离婚给凯蒂带来的阴霾一扫而空，罗尼似乎也恢复了正常。罗尼似乎也改过自新了，他搬回家，和凯蒂重建信任。

凯蒂完全依赖着罗尼，她因为罗尼的浪子回头而感到十分骄傲，而且她期待罗尼能够以她期待的方式爱她、关心她。然而，在为了修补关系和建立信任而付出了这么多之后，她被罗尼又一次的外遇震惊了。

"我到底哪里不好？"她开始自责，"我没有尽我所能地让他开心吗？我不能让他离开我。我无法让收支平衡，不会打理花园，不会找人修车。他明明知道我有多需要他！他再也不会理我了。我不知道他在想什么……"

罗尼晚上回家之后，通常都会先开一罐啤酒，然后打开电视看晚间新闻。晚饭之后，他通常会工作一会儿，或者读一本小说，或者在车库里倒腾一下。他和凯蒂每周会有两三次性生活，他们通常都感到满足。

在那晚，罗尼注意到凯蒂颤抖的双手和红肿的眼眶。"不是吧，我得小心，不然我们就要吵架了。"罗尼一边想着，一边挺直肩膀，假装从容地走进客厅，打开电视。当他看新闻看到一半时，一张粉红色的、散发出香气的信纸从他的肩膀落到他的大腿上。他僵住了。接着，他马上想起，这封信之前被他放在了外套口袋里。

还没等凯蒂张口，罗尼就怒吼道："可恶！你怎么这么喜欢翻我的东西！我觉得你总是在怀疑我。我受不了了！"他冲出了房子，砰的一下关上房门。凯蒂气得全身颤抖，盯着他离开，听着他发动汽车绝尘而去。

类似情节也在其他关系中上演：当亲密关系中没有任意一方不忠，但出现了其他破坏性行为时；当母亲或父亲试图帮助青春期子女摆脱毒瘾时；当孝顺的儿子付出努力却总也得不到父亲的注意力和爱时；当一个女人不断被她最好的朋友伤害，而且这个朋友总是在她需要关爱时缺席时。这些故事都有一个共同点：它们描述了一种深刻的痛苦，这种痛苦会发生在一种特定类型的人身上，这种人似乎无法回应别人一心一意的爱。我们把这种上瘾似的行为叫作"爱恋成瘾"。

爱恋成瘾者、他们的伴侣和他们之间建立的关系

本书有三个目的：①描述爱恋成瘾者及爱恋成瘾者总是揪住不放的、那些无法给予回应的人（本书称之为"爱恋回避者"），以及由

这两种人共同创造的、具有成瘾特点的关系（本书称之为"共成瘾关系"）；②介绍爱恋成瘾的康复过程；③说明健康关系的特征，以及人们对健康关系的常见误解。这本书可以用于学习，也可以用于治疗；无论你是爱恋成瘾者，还是你身边有爱恋成瘾者，阅读本书都会对你有所帮助。

本书开篇着重描述爱恋成瘾的特征，以及爱恋成瘾与共依赖之间的区别。我们会审视那些容易使人出现爱恋成瘾的童年经历，描述爱恋成瘾者在爱上他人、进入关系时的情感循环，展示随着爱恋成瘾的发展，严重挫折感、痛苦和自我否定的行为是如何逐步恶化的，探讨共依赖的症状如何影响爱恋成瘾者的人际关系。

接下来，本书将描述爱恋回避者的特征。爱恋成瘾者通常会被爱恋回避者吸引。本书将描述爱恋回避者与爱恋成瘾者在一起时的情感循环，也会探讨爱恋回避者的共依赖症状。本书将细数那些与爱恋回避相关的童年经历。

最后，本书将探讨"共成瘾关系"——一种由两个成瘾 - 共依赖患者共同构成的恶性关系[一]。这种人际关系似乎和酗酒等成瘾行为非常类似，因为关系中的双方交往密切，但这种交往既近乎强迫，又对双方毫无益处，双方都身不由己，深陷其中。因此，治疗爱恋成瘾和共成瘾关系的人，与单纯治疗共依赖不同，需要增加单独的治疗计划。

[一] 也就是由一个爱恋成瘾者和一个爱恋回避者构成的关系，见本书第 6 章。——译者注

对于爱恋成瘾者的治疗和康复而言，针对共依赖的治疗似乎是必要的前提。因为如果对共依赖症状的治疗不足，爱恋成瘾者还是不能看到爱恋成瘾中的变化规律，不能在关系成瘾前保持节制，也不能忍受和成瘾对象分离后的戒断反应。

爱恋成瘾的康复过程

爱恋成瘾的康复包括以下三个过程：①从爱恋成瘾中康复；②从与爱恋成瘾相关的共依赖中康复；③学习如何应用有关健康关系本质的知识，以适应与爱恋回避者的相处。本书也包含爱恋回避者的康复信息。

无论是在童年时期与照顾者相处，还是成年后与其他人相处，经历共成瘾关系的人几乎从未亲身体验过健康关系。因此，爱恋成瘾者和爱恋回避者几乎不知道在亲密关系中如何以适当的方式与他人相处，更难以发现自己以往维持关系的方式具有破坏性、虐待性，甚至是成瘾性。本书将描述健康关系的特征，以及在亲密关系中的健康行为。在康复过程中，人们常常对关系抱有不切实际的期望，我也就此给出了有用的建议，并提出了一些应对自我否定的策略。

皮亚·梅洛蒂

目录 Facing Love Addiction

作者按语

前言

致谢

引言

第一部分 爱恋成瘾者及其人际关系

第 1 章 区分共依赖和爱恋成瘾 / 2

第 2 章 爱恋成瘾者的特点 / 9

第 3 章 爱恋成瘾者的情感循环 / 21

第 4 章 爱恋成瘾者的伴侣：爱恋回避者的特点 / 37

第 5 章 爱恋回避者的情感循环 / 50

第 6 章 当爱恋成瘾者和爱恋回避者相遇：共成瘾关系的特点 / 55

第二部分 治疗过程

第 7 章　如何处理你的共成瘾关系 / 72

第 8 章　停一停，检视你的人际关系 / 81

第 9 章　戒掉爱恋成瘾 / 95

第 10 章　治疗共依赖的症状 / 103

第 11 章　开始或重新回到一段关系中 / 118

第三部分 一段健康的关系

第 12 章　一段健康关系的标志 / 140

第 13 章　不切实际的期待 / 150

第四部分 康复记录练习

第 14 章　直面爱恋成瘾的记录练习 / 172

第 15 章　写下从爱恋成瘾中康复的第一步 / 186

第 16 章　写下爱恋成瘾康复的第四步 / 192

第 17 章　爱恋回避者的记录练习 / 197

结论　我们的康复 / 222

附录 A　一些关于爱恋成瘾的心理学文献 / 224

参考文献 / 228

推荐阅读 / 230

○ 第一部分

爱恋成瘾者及其人际关系

第 1 章
区分共依赖和爱恋成瘾

爱恋成瘾是指一个人过度依赖和纠缠他人、强迫性地专注于照顾他人。虽然这种现象通常会被视作共依赖,但我认为共依赖是一种更宽泛、更深层的问题。爱恋成瘾者是共依赖者,但不是所有的共依赖者都是爱恋成瘾者。下文会详加说明。

共依赖的病程

共依赖是一种由童年创伤导致、精神上的发育不良。共依赖者表现得极其幼稚，他们的生活也因此受到负面影响。根据《多兰医学词典》（*Dorland's Medical Dictionary*），疾病的病程是指"由一系列依次出现的症状构成的病理性发展过程。这些症状可能影响全身或者身体的某部分，而且这些症状的病因、病理和预后是已知或未知的"。我把以下表现出共依赖特性的症状称为"核心症状"或"主要症状"，这些症状表明共依赖者无法和自我建立健康的关系。这些"主要症状"或"核心症状"包括：

1. 没有足够的自尊，也就是说，很难爱自己；
2. 难以与他人设定合适的边界，也就是说，很难保护自己；
3. 很难拥有现实感㊀，也就是说，不知道自己是谁，也不知道怎样恰当地和他人分享自己的感受和想法；
4. 难以用一种合作的态度表达自己作为成年人的需求和渴望，也就是说，不能照顾自己；
5. 他们的感受和表达总是不合时宜，也就是说，他们的举止似乎不符合其年龄或各种社会情景㊁。

除此之外，共依赖者还有五种次要症状，这些次要症状反映了共依赖者用错误的方式解读人际行为，导致他们无法建立健康的人际关系，在人际关系中遭遇各种麻烦。这些次要症状都源于共依赖

㊀ 现实感指自身的感受和想法。——译者注
㊁ 指一个人通过体验与自我、他人、艺术、音乐、文学、自然或大于自身的力量的联系，感到生活意义的能力受损，来源见皮亚·梅洛蒂，安德烈亚·威尔斯·米勒和J.基思·米勒合著的《依赖症，再见！》（*Facing Codependence*），特别是第2章，详细描述了共依赖者的特点。——译者注

的核心症状,也就是源于无法与自我建立健康的关系。这5种次要症状包括消极控制、怨恨、受损的精神信念、上瘾或其他精神及躯体疾病,以及难以建立健康的亲密感。

(1)消极控制

共依赖者要么试图控制他人(要求他人按照共依赖者感觉舒服的方式做事),要么允许他人控制自己(让他人决定共依赖者该怎么做,以便让他人感到舒服)。无论是哪种形式的控制,被控制的一方都会拒绝遵从,共依赖者便有理由把内心的痛苦归咎于他人。

(2)怨恨

怨恨对共依赖者来说是一种保护自己、重拾自信的方式,但这种方式是无用的。一般人受伤害时,他们会强烈地感到失去了自尊或自我价值感,迫切需要停止受伤害。

愤怒给予人力量。适当的愤怒让人们产生力量,采取必要行动保护自己。和愤怒不同的是怨恨,当我们持续生气,总是想着要惩罚和报复施害者时,无论是否真的实施报复,我们都在怨恨。怨恨使共依赖者在心中不断重复受害的过程,并在这个过程中产生各种各样的痛苦感受,例如羞耻感、压抑的愤怒或以不良方式表达出来的沮丧。这个过程削弱了共依赖者,令他们无法采取必要的行动保护自己。共依赖者在无法运用健康的边界保护自己时指责他人,这就是为什么怨恨在降低共依赖者的生活质量中起着关键作用。

（3）受损的精神信念

共依赖者也许会仇恨、恐惧或极端崇拜他人，从而令他人在实际上完全控制了自己的生活；或者，他们试图影响或控制他人的生活。无论共依赖者能否意识到这个症状，这个症状都可能令他们感到十分痛苦，损害身心健康，阻碍他们发展健康的社会功能。

（4）上瘾或其他精神及躯体疾病

我们面对现实⊖的能力与自我关系直接相关。拥有良好的自我关系意味着既能喜爱和关爱自己，又能保护自己；既能自我发现，又能自我调节。拥有这样健康的、立足于自己的自我关系，让我们能够面对自己和别人，面对生命中不能控制的力量和眼前的现实。共依赖者康复的核心就是培养出这样的能力和对现实的察觉。当我们无法拥有健康的自我关系、缺乏充实感时，与自我、人际关系或与极端崇拜的人的关系中产生的痛苦往往把我们推向上瘾，以快速缓解痛苦。

因此，我认为成瘾者很有可能是共依赖者；反过来说，共依赖者很可能有各种成瘾或强迫行为。这一次要症状是共依赖和成瘾（特别是爱恋成瘾）之间最主要的纽带。虽然爱恋成瘾者不知道他们的痛苦来自失败的自我关系，反而觉得这种痛苦是他人造成的，但是，爱恋成瘾者在寻求一种特定的亲密关系，认定有人可以且必须给予爱恋成瘾者无条件的爱、关注和照顾，从而抚平他们内在的伤痛。

⊖ 指意识到想法和感受并将其分享出来。——译者注

（5）难以建立健康的亲密感

亲密感的建立需要彼此展现真实的样子，而且任何一方对彼此真实的样子都不带评判，也不试图改变。共依赖者无法建立健康的亲密感，因为共依赖的核心问题就在于他们难以察觉，也难以用健康的方式分享自己真实的想法和感受。没有分享，共依赖者就无法认识到他们的不成熟，他们人际关系中的问题也会继续存在。

优先治疗成瘾还是共依赖

很多共依赖者都会有至少一种成瘾行为，共依赖者该优先治疗成瘾还是共依赖呢？共依赖的康复需要学习如何逐渐成熟地面对现实，但成瘾太过有效地缓解了共依赖者的痛苦，掩盖了现实，阻碍了共依赖者的康复。

至少有以下四种成瘾行为可能会严重阻碍共依赖者面对现实。在有效治疗共依赖之前，如果共依赖者有以下成瘾行为，我们需要先处理这些成瘾行为。

- 酒瘾或药物成瘾
- 性瘾
- 严重的赌瘾
- 严重的、威胁生命的进食障碍（严重的厌食症、暴食症或过食症）

有时一个拒不承认自己有任何成瘾行为的共依赖者，在治疗过程当中，他的成瘾问题会暴露出来。有时候，人们会交替地对不同事物成瘾。例如，乔伊在治疗酒瘾，但他也许会在体重剧增 40 磅[一]之后，才发现他对食物成瘾了：他把酒瘾变成了"冰激凌瘾"。有时有些成瘾行为在治疗过程中一直存在，但伴随着康复的过程，他们逐渐能够面对现实（第三种核心症状在好转），意识到自身的成瘾行为。例如，格温在她厌食症的治疗过程中，慢慢意识到自己经常透支银行账户、刷爆信用卡，经常从亲友处借钱还债。随着格温的共依赖症状慢慢好转，她意识到她有消费成瘾。无论如何，在共依赖的治疗过程中，共依赖者往往意识到他们有其他需要治疗的成瘾行为，例如：

- 爱恋成瘾
- 在当下并非致命的进食障碍（我称为"胖子的宁静"）
- 工作狂
- 借贷狂、购物狂
- 宗教狂
- 尼古丁成瘾
- 咖啡因成瘾

爱恋成瘾者和他们选择的伴侣

因此，通常对共依赖者来说，只有他们的核心症状得到一定程

[一] 1 磅 = 0.4536 千克。

度的治疗，才会察觉到爱恋成瘾问题。共依赖者对爱恋成瘾有很多否认和妄想，当他们讲述爱恋成瘾的情况时，常常伴随着强烈的情绪波动。

我发现爱恋成瘾关系的双方有些明显的特点，这让双方都陷于一种痛苦的循环中。其中一方专注于伴侣和这段关系；而另一方则通常利用一些成瘾行为或造成关系紧张的方式，试图避开关系中的亲密感。我把前者叫作爱恋成瘾者，后者叫作爱恋回避者㊀，两者之间的关系是"相互成瘾关系"。

相互成瘾通常出现在夫妻关系中，但也可以出现在任何真实或想象中的双方关系中：亲子之间、朋友之间、治疗师-来访者、上司和雇员，以及普通人和没有来往的名人或流行明星之间的幻想关系［例如爱恋成瘾者和"猫王"埃尔维斯·普雷斯利（Elvis Presley）素无私交，但可以在幻想中跟他关系密切］等。

相互成瘾关系并不是建立在健康的爱上，而是建立在一种极端的正面或负面情感上。特别是爱恋成瘾者会对关系产生强迫性的感觉、想法和行为，同时他们也会产生强烈的感受，例如愤怒、恐惧、憎恨、沉迷或对对方的"爱意"。在下一章中，我会更详细地描述爱恋成瘾者的特征。

㊀ 当我回顾我以往的相互成瘾关系时，我发现，我所有的伴侣好像都在躲避我。我只能看到他们离开我的背影。在我的一些演说里，我把他们的这些特征叫作"背离"（back-walking-away）。我的治疗师朋友迈克尔·斯科特把爱恋成瘾者的伴侣简称为"回避成瘾者"，我在第 1 版中也沿用了这个术语。然而，在本书中，我虽然把他们改称为"爱恋回避者"，但这个概念的基础和发展仍然来自迈克尔的建议。

第 2 章

爱恋成瘾者的特点

爱恋成瘾者的行为症状可以总结为下面三点：

1. 爱恋成瘾者会把多到不合理的时间、注意力或"凌驾于自己的价值"投入到他们关系的对象上，而且，这种投入具有强迫性。
2. 爱恋成瘾者对关系中的另一方有不切实际的期待，认为自己应当从对方身上得到无条件的爱。
3. 爱恋成瘾者在一段关系中时，会忽视照顾自己，也会忽视自己的价值。

在我的经验里，尽管多数时候女性是浪漫关系中的依赖者，但男性也有可能是依赖者。在其他人际关系中，人们也有可能成为依赖者，例如在与父母、孩子、岳母、咨询师、亲密的朋友、支持性团体的领导者、智者或者电影明星的关系中。

两种恐惧：一种是有意识的，一种是无意识的

除了上述三种特征，爱恋成瘾者常常也被两种恐惧挟持。他们最能意识到的恐惧是害怕被抛弃。爱恋成瘾者为了避免被抛弃，几乎可以忍受任何事。这种恐惧来自他们的童年经历，我们在本章后面会说到。

讽刺的是，爱恋成瘾者极力避免被抛弃，尽力维系一段安全的关系，然而，他们试图建立的是一种紧密的、不断索求的纠缠关系，而并不是一段健康的亲密关系——他们至少在无意识中惧怕健康的亲密。这种被否认的恐惧也来自他们在童年时期身体上或情感上被抛弃的经历。爱恋成瘾者没有在抛弃他们的养育者那里体会到足够的亲密，因而也无从了解如何以一种健康的方式保持亲密。

在成年时期，爱恋成瘾者通常认为他们表现得很亲密，并在寻求一段亲密的关系。然而实际上他们对健康的亲密关系的提议感到害怕，因为他们不知道该怎么做。当关系中的亲密感上升到一定程度时，他们往往惊慌失措，做一些事再次拉开自己与伴侣之间的距离。

害怕被抛弃和害怕亲密，这两种恐惧令爱恋成瘾者陷入了痛苦又自我挫败的两难处境。爱恋成瘾者有意识地渴望亲密，但又不能够忍受健康的亲密，所以他们会无意识地选择一个无法以健康的方式满足他们亲密需求的伴侣。

"瘾"的力量：倾其所有

当我们作为共依赖者不再否认自己有物质成瘾或强迫行为时，我们才能察觉到，"瘾"已经超越了意志力，控制了我们。无论我们上瘾的事物是否在一开始让我们感觉更好，但最终都会让我们感觉更糟糕。也许，上瘾的恶果或他人的质问能让我们面对自己的所作所为吧。我们可能会下定决心痛改前非，停止对物质的依赖和强迫行为，但我们也会发现自己做不到——到这一刻，我们可能才会痛苦地发现，我们被某些超出我们控制、比我们强大的东西控制了。在这种意义上，我们可以说，"瘾"成了我们的主宰。

只有我们察觉到，"瘾"已经让我们无路可走，"瘾"已经成了我们生活的主人，真正的康复才能开始。有了这种意识，承认"瘾"的威力，才能迈出十二步康复法的第一步[一]。

这种评估上瘾的方法也可以用在爱恋成瘾上。爱恋成瘾者最明显的特点就是他们过度重视另一个人。爱恋成瘾者几乎完全专注于他们所处关系的另一方：随时想要和他们挂念的人待在一起、触碰

[一] 我将在第 15 章说明爱恋成瘾康复的第一步。

到他们、跟他们说话、听到他们的声音，想要被他们照顾、被他们珍视。

在这种关系的一开始，依赖者也许会感到不错。他们最欣赏自己的伴侣做事的能力，而且他们认为自己的伴侣比自己强得多或拥有更多力量。在伴侣更强大的这种感受下，他们也倾向于给予伴侣更大的权力，并因此期待伴侣能拯救自己，让自己免受生活的苦难和沧桑，免受痛苦或毁灭，让自己得到照顾和滋养。当爱恋成瘾者认为对方有这样无所不能的力量时，他们实际上让对方成了主宰，就好像酗酒的人把酒当作主宰，有毒瘾的人把毒品当作主宰，工作狂把工作体验当作主宰。

最终，随着爱恋成瘾者越来越努力把对方变成想象中的样子，也就是成为那个会以他们渴望的方式来关爱他们的人，爱恋成瘾者一再失望，因为没有人能够满足这些永无止境的欲望。这段关系开始让爱恋成瘾者感到更糟糕了。当痛苦变得足够严重时，爱恋成瘾者甚至可能结束这段关系，但会发现，自己既没法跟伴侣一起继续生活下去，也不能没有伴侣。

爱恋成瘾者不仅对伴侣的真实面貌有不切实际的认识，他们也会因为伴侣没有像他们期待的那样行动（也就是成为主宰）而一再失望，进而愤怒。于是，爱恋成瘾者开始以一场场恶毒的争吵进行报复，因为在他们看来，对方这是故意不肯付出爱。

很多人认为，共依赖者是会依赖、纠缠、迷恋、过分在意别人的人。然而，这种情况更准确的叫法是爱恋成瘾。不是所有的共依赖者都会把别人当作自己的主宰。一些人会把自己与别人隔绝开来；另一些人则会得罪人、控制人，而不去亲近别人。我认为，把别人当作自己的主宰是爱恋成瘾的核心，这是一个成瘾的过程。

为了从共依赖或爱恋成瘾中康复，维持健康，我们需要和一个合适的更高的存在建立一段关系——这个更高的存在不是在我们之上的另一个人，而应该是一个可以引导我们，让我们得到安慰、宁静的存在。在十二步康复法的框架中，精神信念的成长让我们真正地联结比我们更有力量的事物，这样，我们才能得到需要的帮助，以弥补我们自己的不完美、错误和缺乏改变的力量。我们也能从那些所有人都会经历过的人生挣扎中获得启发和帮助。

不切实际地期待无条件的关爱

爱恋成瘾者另一个有力特征是，他们期待伴侣在任何时候都能给予他们无条件的积极关注，这侧面反映出爱恋成瘾者严重地缺乏自信。爱恋成瘾者通常严重地怀疑自我价值，他们比别人更渴望用无条件的爱去为自尊疗伤。就好像酗酒的人会用酒来寻求解脱，工作上瘾的人用忙碌或者成就感来自我治愈，爱恋成瘾者则是在关系中寻求无条件的积极关注来缓解他们极度自卑的痛苦（极度自卑连接了爱恋成瘾和共依赖）。

爱恋成瘾者的悲剧在于，他们通常都会爱上关系回避者，也就是那些回避承诺和健康亲密感、总会成瘾的人，例如酒徒、工作狂或者有性瘾的人。在爱恋回避者的生活不可收拾时,爱恋成瘾者往往会风风火火地照顾他们,但不得不去照顾这件事又让他们很生气。因为他们不能忍受自己一个人,他们会留在这段关系中,打点各种事情,但他们的怒气又让他们变得充满控制欲,甚至变得暴虐。出于对被抛弃的恐惧,他们不能离开;但他们又不能安心地留下来,因为他们想要被拯救、被照顾和被保护的渴望还没有得到满足。

忽视自我照顾和自我价值

一旦爱恋成瘾者进入一段相互依赖关系,他们就会减少做重视自己或照顾自己的工作。我发现大多数的爱恋成瘾者无论如何都不知道怎样很好地照顾自己、重视自己,因为他们认为这些事情应该由别人来完成。所以,当他们和其他人开始一段关系时,他们希望这个人能够照顾和重视自己,他们也会逐渐减少那些他们单身时会做的、任何照顾自己的行为。

我听很多爱恋成瘾的女性说:"我不谈恋爱的时候,我可会照顾自己了。我保持收支平衡,修车,健康饮食,处理大部分问题。我甚至能相当好地做出大多数决定,而且我多数时候对自己的看法很有信心。然而当我进入一段关系时,我真是退化了。"

期待从他人那里获得无条件的积极关注是荒谬的,而且,期待一个回避亲密的人去照顾自己,似乎也挺荒谬。爱恋成瘾者的歪曲思维让他们相信,他们的伴侣能给予他们无条件的积极关注,还能照顾他们，然而，他们一再体验着自我关系中的失败（这也与共依赖有关）。

爱恋成瘾者在童年时期的受虐经历

我相信人之所以会出现爱恋成瘾的问题，是因为他们童年时期被抛弃的痛苦尚未治愈，而且，他们感到不可能在没有别人的情况下安全地生活在这个世界上。他们执着于一种妄想，认为另一方有力量照顾他们、肯定他们，而且以某种方式让他们完整。他们一直试着让爱恋回避者接近他们内心中不切实际的形象，但这种坚持让两个人的关系变得充满毒性。

爱恋成瘾者通常没有和他们的养育者建立足够的联结，而且，他们很可能在童年时期经历了中度到重度的抛弃或忽视。年幼的孩子感受到的爱与受到照顾的程度有关。照顾行为传达着这样的信息："你是重要的，你被爱着。"我相信，当孩子们没有从养育者那里得到足够的联结和培养时，他们的自尊会受到严重影响。

爱恋成瘾者通常在童年时期经历了深重的痛苦和悲伤，以及强烈的失落，因为当他们的照顾者没有照顾他们时，他们自己的一部分被剥夺了正常成长的机会。这种痛苦和悲伤，我把它叫作"宝贝孩子的痛苦"。这种痛苦之深，远远超出了我们最早的意识和记忆。

爱恋成瘾者在童年时期，就体验了巨大的恐惧，因为他们无力和养育者建立联系。在心理咨询时，他们通常把童年时期的恐惧描述为一种无法呼吸的感觉，就好像他们真的窒息了，正在经历字面意思上的死亡一样。他们也描述了自己的空虚，因为他们没有被养育者的照顾包围。他们没有被养育成他们本身的样子，因而他们也很难成为、很难喜欢上自己自然而然的样子。而且，他们中的很多人都会因为他们的需求未满足而生气，因为他们几乎想不起自己在童年时期经历过怎样的虐待。

童年时期的这种严重程度的分离，即原先的忽视或抛弃经历，对儿童的负面影响极大，一直持续到成年时期。最早被抛弃的经历尤其充满了痛苦、恐惧、愤怒、羞耻和空虚。由于孩子没有办法表达这些情绪，他们把这些情绪储存在内心，多年以后，当他们作为成年人再次面临被抛弃的威胁或被抛弃的真实情景时，这些情绪就被引爆了。

很多这样的孩子曾经与其他人建立过有限或短暂的联系（例如和他们的祖父母），这些联系缓解了一些被抛弃的痛苦、恐惧、愤怒和空虚。然而，这些经历可能会恶化他们的问题，因为他们学到，和人建立联系可以缓解他们的痛苦。

即使在童年时期，爱恋成瘾者也渴望与他人建立联系，能够属于某个人，能最终有一个（他们认为的）人填补他们的空虚，驱除他们的缺陷感，最终让他们在这样的联系中感到安全。他们寻求一个对象以缓解被抛弃带来的痛苦。作为成年人，几乎任何其他人都可以成为这个对象：爱人、父母、朋友、孩子、咨询师。即使对方不那么强大，那也没有关系，因为爱恋成瘾者会给这个人投入足够的想象力和无条件的爱，让爱恋成瘾者变得完满而且快乐。

被拯救的幻想出现了

这些孩子为了逃避被抛弃的痛苦，其中一种方法是幻想某个英雄来拯救他们。小女孩可能会幻想一个穿着闪亮铠甲的骑士，深爱着她，通过做各种事情和她联结，来表现这种爱，最终，给予她生命中的意义和活力。和童话《睡美人》很相似，睡美人躺着睡着了，对自己和外界完全没有知觉，直到王子的生命之吻唤醒了她。幻想带来极乐，孩子们沉迷其中。我小时候也总是幻想我的威武的骑士。如果我感觉很糟糕，我就可以躲在这个幻想里，10分钟之内就能开心起来，并至少能保持两三个小时。当我们在脑海中想象一个愉快的场景时，我们的大脑也会产生相应的情绪，释放出内啡肽。内啡肽可以缓解情绪痛苦，创造出不同程度的兴奋和快乐感。这些孩子相信，只要能和这样的英雄联结，他们就能和睡美人一样活过来，最终安全地、有价值地生活。

对于男性爱恋成瘾者来说，这个拯救者可能是某位特别照顾他们的女性；对于男同性恋者或女同性恋者来说，这个形象可能是另一个同性别的人。随着年龄增长，这样的幻想在潜意识中变得越来越根深蒂固。这些人成年之后，依然会继续寻找一个满足他们拯救者幻想的人。

如今的爱情小说、爱情电影和情歌中反复强调"拯救"这一概念，深深影响了一众男女。有人甚至推理说："既然有这么多小说、电影和情歌都提到这种拯救者，那么这种拯救者一定是存在的。"这个思路的问题在于，小说、电影中反映的是基于强烈的情感、幻想和不切实际的期待的不健康关系，而不是成熟、健康的爱情。

骨子里的无助或被忽视感

当孩子们被父母抛弃或忽视时，他们会理解为"因为我是毫无价值的，所以你不再理我了"。被抛弃的孩子无法从其他人那里得到养育和肯定，因为他们的照顾者抛弃了他们；他们也无法养育和肯定自己，因为他们太小了，没有人告诉他们怎样才算是健康的养育。所以，几乎所有的爱恋成瘾者在进入成年人之间的亲密关系时，都会有一种内在的缺陷感和无价值感，认为自己是无法照顾好自己的。这直接来自童年时期被父母抛弃的经历。与此相伴的还有他们的幻想——被类似白马王子的人拯救的幻想，满足他们被抛弃后产生的夸张的渴望。鼓吹"拯救"概念的美国文化，特别支持女性相信这一概念，令这一问题愈加复杂。

另外，忽视或抛弃对爱恋成瘾者的另一影响是，他们认为如果自己无法在关系中与对方变得更亲密，他们会活不下去。这让爱恋成瘾者在相互依赖关系中变得毫无边界，让爱恋回避者觉得快要窒息。

爱恋成瘾和共依赖的关系

我们关于如何生活的观念来自我们与照顾者之间的联结。被抛弃的经验让孩子感受到自卑，而且也扭曲了孩子对于自我照顾的理解。如果一个孩子的天性没有得到滋养，他会发展出功能失调的应对行为，也就是我们第 1 章中提到的成年共依赖者的五大症状。因为照顾者没有帮助孩子发展如何培养自己、如何形成人际关系等应对生活基本问题的技巧，他可能慢慢就会发展出抛弃和暴虐的行为。

共依赖的第一个和第四个核心症状在爱恋成瘾者身上尤为普遍：低自尊和无法恰当地照顾自己⊖。第三个核心症状和对现实（对方的真实形象）的歪曲有关。共依赖的另外两个核心症状也许也会出现在爱恋成瘾者身上，但没有那么明显。

当共依赖的痛苦过于强烈，我们大多会求助于一种成瘾的药物来缓解我们的痛苦，因为我们已经不知道有什么其他的办法了。我们寻找物质、强迫行为或某一个人，来缓解我们因为无法和自我建立良好的关系的痛苦。如果物质、强迫行为或某个人缓解了我们的痛苦，我们就会继续重复这个过程，即使这一过程带来越来越严重的恶果。最终，我们会对这些物质、强迫行为或这个人上瘾。这些瘾的作用，是让我们脱离难以忍受的现实。

人们常说，我们要么是爱恋成瘾者，要么是共依赖者；但我发现，我们很多人两者兼是，依赖可以缓解我们未治疗的共依赖的痛苦。当进入人际关系时，我们中的一些人可能会像一个爱恋成瘾者一样，平息由未曾治疗过的共依赖带来的痛苦。我们最终在痛苦的人际关系中无法自拔，因为这种人际关系实际上可以缓解我们某些空虚的痛苦。

⊖ 有关共依赖的核心症状、次要症状以及这些症状和童年经历的关系，请参见《依赖症，再见！》一书，特别是第 2 章和第 3 章。

因此，强迫行为和上瘾有关，是为了消除共依赖带来的痛苦和压力。我常发现，共依赖者常常也在利用喝酒、吃东西、药物、宗教、赌博、工作或人际关系来缓解这种痛苦和压力。

所以，不是所有的共依赖者都是爱恋成瘾者。爱恋成瘾者把一段关系中对一个人和强迫行为当作缓解与自我关系困难的痛苦药物，这是由共依赖的核心症状所定义的。其他的共依赖者则会用其他瘾来缓解痛苦，例如酗酒者、暴饮暴食者、厌食症患者、性成瘾者、宗教狂热者、工作狂等。

共依赖妨碍了健康的自爱，那些强迫性地想在别人身上找到自己值得被爱的证明的人，被称为爱恋成瘾者。爱恋成瘾者相信对方能够也愿意照顾他们，这种信念来自共依赖的第三个和第四个核心症状：难以客观地拥有现实感，难以照顾自己的需求和渴望。对对方的痴迷，无时无刻不想着对方，想和对方在一起，想和对方在情绪上、身体上和各种各样可能的方式有联结，也是爱恋成瘾的组成部分。

第 3 章
爱恋成瘾者的情感循环

爱恋成瘾者有一种典型的情感循环：和另一半相遇时，爱恋成瘾者会先试图让伴侣实现他们被拯救的童年幻想，但看不到伴侣实际上在拒绝和疏远他们；爱恋成瘾者不断努力，但好像做什么都没有用。在挫折和失败中，他们开始看到伴侣的不当行为（在疏远或拒绝自己），这让他们强迫性地挽回或报复伴侣，之后，再和原来的伴侣或新的伴侣开始新一轮的情感循环，回到被伴侣拯救的幻想中。爱恋成瘾者越是经历这样的情感循环，受到的伤害就越大（对爱恋回避者来说也一样）。

循环往复

图 3-1 描述了这个情感循环。接下来我会以顺时针方向依次介绍这个情感循环的过程。

9. 如果对方回到关系中，爱恋成瘾者与爱恋回避者重复这个循环；或和新的伴侣重复

8. 爱恋成瘾者会强迫性地实施他们的计划

7. 爱恋成瘾者执着于让爱恋回避者回心转意，或报复爱恋回避者

6. 爱恋成瘾者开始出现"戒断症状"

5. 爱恋成瘾者的否认瓦解，逐渐意识到伴侣的"墙"以及关系之外的行为

4. 爱恋成瘾者表现出更多需求，无视爱恋回避者的"墙"

3. 爱恋成瘾者觉得从痛苦中解脱

2. 爱恋成瘾者在"幻想成真"时感到无比愉悦

1. 爱恋成瘾者被爱恋回避者引诱，或被爱恋回避者的"力量"吸引

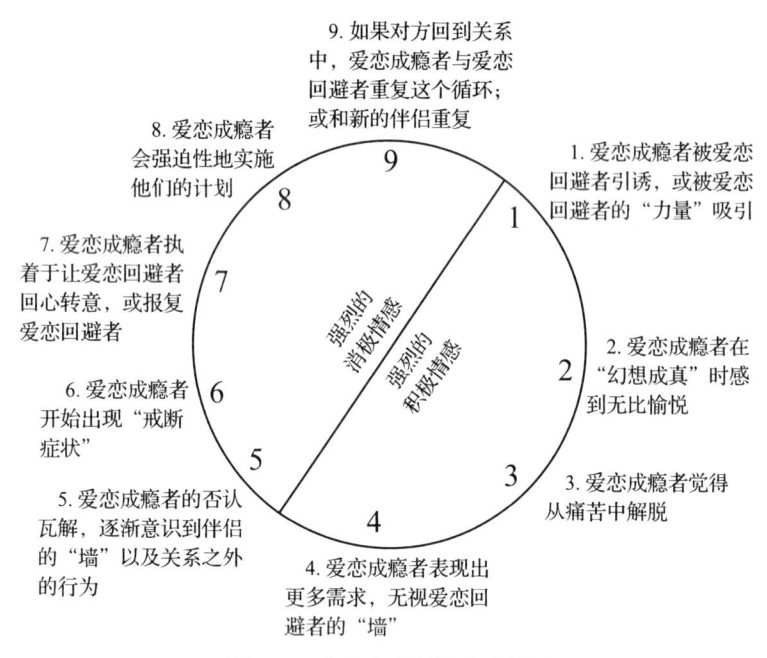

（圆内：强烈的消极情感 / 强烈的积极情感）

图 3-1 爱恋成瘾者的情感循环

（1）爱恋成瘾者被爱恋回避者引诱，或被爱恋回避者的"力量"吸引

爱恋成瘾者通常会被那些看起来很忙碌，但说话做事又有条不紊的人吸引。这种人对爱恋成瘾者很有吸引力，因为爱恋成瘾者认

为自己注定无法照顾好自己，因此在找能照顾自己的伴侣。另外，如果这个人是个爱恋回避者，他会以"诱惑"作墙（意味着表现出诱惑的样子来避免被了解和被控制），这让爱恋成瘾者感到伴侣十分特别。这激起了爱恋成瘾者对被爱的渴望。

在爱恋成瘾关系中的人们都说自己是"一见钟情"。我认为，我们应当对一见钟情这种感觉保持警惕，这种感觉很可能只是"一试上瘾"。

（2）爱恋成瘾者在"幻想成真"时感到无比愉悦

当爱恋成瘾者开始和这个外表强大的爱恋回避者发展关系时，他们的心智也随之退回到小时候的样子，充满了对拯救者的幻想。对于女性爱恋成瘾者而言，拯救者可能是某个爱着她的"骑士"。对于男性爱恋成瘾者，拯救者可能是一个爱着他的"伟大女人"。

不管是哪种情况，被选中的"拯救者"和爱恋成瘾者之间形成了强烈的情感联结，这象征着拯救者的爱。通过这样的爱，爱恋成瘾者终于得到了生命的意义和活力。爱恋成瘾者看不见对方真实的样子，而是看到他们童年时创造的拯救者形象。他们执着于这个形象，就好像用一个漂亮的面具遮住了他人真实的面貌。爱恋成瘾者把童年创造的所有拯救者的特点都放在伴侣身上，忽略了伴侣真实的感受和想法、优点和缺点。爱恋成瘾者真心相信，他们的伴侣可能就是幻想中的拯救者，很快就会为他们创造一个充满爱和呵护的世界。

爱恋成瘾者误以为爱恋回避者非常强大。我们会在下一章看到，这些爱恋成瘾者的伴侣仅仅在用成瘾来回避亲密关系，他们是成瘾－

共依赖者，但爱恋成瘾者无法看清这个事实。

爱恋成瘾者并非在发展一段成熟的亲密关系，实际上，他们在寻求纠缠、融合，彻底地与他们的伴侣合为一体。由于他们童年时被抛弃的痛苦经历，爱恋成瘾者几乎不可能用其他方式建立亲密感。

爱恋成瘾一个最令人玩味的地方在于，爱恋成瘾者竭力让伴侣理解并实现他们长久以来的被拯救幻想，但当伴侣不符合他们的幻想时，他们会感受到强烈的失望和愤怒。我作为一个爱恋成瘾者[一]，有种不可思议的能力，能在别人身上看到我想要的东西，却看不到实际情形。随着亲密关系的进展，我深信我的伴侣会越来越接近我心中的那个样子。这就是爱恋成瘾者的蜜月期。有人把这个阶段叫作"浪漫上瘾"。

当爱恋成瘾者幻想实现时，无论是从精神上还是肉体上，都会有种高潮体验。如果这是一段性浪漫关系，他们的性爱会很美妙。[二] 爱恋成瘾者在此时享受到的平静、浪漫与美好，与他儿时为了逃避被抛弃的现实，而从幻想世界中得到的快乐极为相似。

(3) 爱恋成瘾者觉得从痛苦中解脱

爱恋成瘾者在享受了幻想成真的高潮后，被遗弃的孤独、空虚和"不被爱"的痛苦慢慢消退。爱恋成瘾者开始创造更多的幻想，

[一] 作者是已经康复的爱恋成瘾者。——译者注
[二] 情感循环是爱恋成瘾者的特征。爱恋成瘾可以发生在任何关系中。本书中的"伴侣"可指任何爱恋成瘾者的对象，例如父母、子女、明星、导师。——译者注

并从中感受到自己的价值和完整性。爱恋成瘾者相信他们找到了渴望已久的那个人，那个人能把他们从无力照顾自己，从孤独、空虚和缺乏对自己的爱[一]中拯救出来，那个人能保护他们，让他们在险恶的世界中重获安全感。爱恋成瘾者相信，他们终于找到了能让他们感到完整的"完美关系"。

这种被称为"恋爱"的过程在我们的社会中相当普遍。现实世界里，那个被爱恋成瘾者寄托了所有的幻想的人根本没有能力实现这种愿望；他只会投入在关系之外的瘾里，在情感上或在现实意义上抛弃爱恋成瘾者。

（4）爱恋成瘾者表现出更多需求，无视爱恋回避者的"墙"

爱恋成瘾者觉得越安全，他们就会表现出越多需求；然而，需求越多，爱恋回避者就跑得越远。爱恋回避者表现出越来越多疏远爱恋成瘾者的迹象。然而，即便爱恋成瘾者慢慢看到这些迹象，他们也会忽视或否认这些迹象，让自己免于关系破裂的痛苦。爱恋成瘾者淡化爱恋回避者公然的逃避行为，甚至会为这些行为找理由。

"现在是秋季销售旺季，所以他很忙呀。"妻子心想，忘记了她的丈夫在冬季、春季和夏季也一样不在家。

"他在下班后应该要和朋友们泡一下酒吧。"母亲心想。但事实上，她的成年儿子[二]每天都在外面和他的"朋友们"待到晚饭后，有

[一] 指感受到自身的价值感和对自己的同理心。——译者注
[二] 指儿子已经是成年人了，不是个小孩。——译者注

时甚至是整晚。就算他晚上在家,多数时间也在看电视或在床上睡觉。

(5)爱恋成瘾者的否认瓦解,逐渐意识到伴侣的"墙"以及关系之外的行为

最终,爱恋成瘾者越来越难否认伴侣在关系之外的行为,因为爱恋回避者几乎在公开地抛弃爱恋成瘾者。爱恋成瘾者意识到伴侣在离开这段关系,他们的幻想和否认开始瓦解。

这时,爱恋成瘾者容不下爱恋回避者的疏远行为了。他们感到痛苦。随着痛苦加剧,爱恋成瘾者开始控制伴侣,甚至威胁伴侣。情况可能会像电影电视剧的夸张剧情一样严重,但发生在我们身上时,我们假装自己不在剧中。

当爱恋成瘾者发现伴侣更在意其他人或其他事,但不那么在意他们的关系时,爱恋成瘾者的幻想就会变成噩梦——他们的伴侣从幻想中的拯救者,变成了那个在童年时抛弃他们的人(父母或者其他照顾者的形象)。他们依然无法看清伴侣真正的样子。现在,随着心态的改变,他们把童年时曾抛弃他们的照顾者的特质安在伴侣身上。

随之而来的痛苦、愤怒、恐惧和空虚,让爱恋成瘾者可能会着急挽回,试着说服伴侣、打动伴侣,甚至威胁和控制伴侣,以避免伴侣进一步在情感或在现实意义上抛弃他们。爱恋成瘾者近乎强迫性地时刻需要知道他们的伴侣在哪里、在做什么。如果他们的伴侣不告诉他们,爱恋成瘾者就会用别的方式达到目的,例如跟踪他们的伴侣，去他们伴侣常去的地方巡逻，或者打电话问其他人他们的伴侣在哪里。不是所有爱恋成瘾者都会这么做。没有这么做的爱恋成瘾者可能也在承受着这种"需要知道"的煎熬，却默默忍受着。

爱恋成瘾者也有可能会暴怒、歇斯底里。他们会告诉所有人他们被"抛弃"了，好让其他人制止爱恋回避者抛弃他们。他们也许也会告诉伴侣的老板，有时也会在情急之下告诉他们在超市遇到的人，甚至会在教会里把这些事公之于众。在这个时期，爱恋成瘾者也常常间接控制伴侣：穿得更有诱惑力、和伴侣去度假、尝试"地理疗法"（也就是搬到一个新的城市或者地区，让一切"从头开始"，以为这样就能解决问题）、搞外遇、自暴自弃，或者变得极度依赖以便让伴侣重新关注他们。爱恋成瘾者为了控制爱恋回避者的行为，几乎不惜一切代价；然而，由于他们的方法几乎都来自他们被抛弃的童年，这些方法都不奏效，都带有虐待伴侣的性质，而且都在毁坏这段关系，这段关系变得越来越折磨人。

（6）爱恋成瘾者开始出现"戒断症状"

爱恋成瘾者最终接受了这个事实：伴侣为了别人或者其他事情抛弃了他们。换句话说，他们终于完全意识到，在伴侣的生活中，还有一些东西比他们的关系更重要。爱恋成瘾者终于能意识到，他们的"毒品"（伴侣）不在了。这时，爱恋成瘾者出现戒断症状，就好像所有刚刚开始戒毒的人一样。出现戒断症状的人会体验到强烈的情感，例如痛苦、恐惧，有时候是愤怒，有时候是这些情绪的某种组合。这是爱恋成瘾和共依赖的另一个区别：爱恋成瘾的停止会产生强烈的戒断反应，但从共依赖中康复时却不会⊖。爱恋成瘾的对象消失时会产生戒断反应这个特征，也可以用来区别爱恋成瘾者和爱恋回避者——爱恋回避者在关系终结时，通常不会出现强烈的情感体验，他们仍然在回避关系的亲密。

在成年关系中被抛弃的经历让爱恋成瘾者重新体验到了童年时被抛弃的感觉。童年时被抛弃的强烈感受——痛苦、恐惧、愤怒、空虚，加上成年时对当下生活的体验——痛苦、愤怒、嫉妒、空虚，让爱恋成瘾者不堪重负。

这种新旧感受的混合比成年时期的感受本身更难应付。人们可以忍受成年时期的强烈痛苦，也能在心理治疗中再次忍受童年时期的痛苦。然而，新旧两种感受的混合，对爱恋成瘾者来说是毁灭性的。如果感到强烈的痛苦，可能诱发抑郁甚至自杀；如果感到恐惧，可能带来焦虑甚至惊恐；如果感到愤怒，可能出现沮丧、暴怒甚至杀人的冲动。如果爱恋回避者有性瘾，找了新的情人，爱恋成瘾者的愤怒和童年时期留下的羞耻感结合，会变成嫉妒的爆发，伴随着强烈的报复冲动。

当爱恋回避者离开时，对爱恋成瘾者是毁灭性的打击：①强烈的痛苦和赤裸裸的实际损失，例如失去收入、失去住所等物质财产，失去共同抚养孩子的人；②因为成年时被抛弃了，从童年时期到现

⊖ 简单来说，爱恋成瘾者是共依赖者的子集。所有的爱恋成瘾者都是共依赖者，但不是所有的共依赖者都是爱恋成瘾者。爱恋成瘾者特征之一，在于爱恋成瘾者对某个人上瘾，利用一个人或者在成瘾关系中的强迫行为来缓解与自我关系困难；特征之二，爱恋成瘾者在离开成瘾对象时，或者在治疗的开始时，会出现戒断反应。详见本书第 1、2 章对共依赖和爱恋成瘾关系的介绍。——译者注

在所有被抛弃和忽视的感受,都会随时爆发出来。

爱恋成瘾者的戒断症状可能非常严重,几乎没人能坚持到彻底脱瘾。很多爱恋成瘾者需要来自外界的支持和帮助。治疗师、支持小组、十二步骤项目都可以提供帮助和资源。

很多爱恋成瘾者能短暂地认清现实,但尝到戒断症状的痛苦后,往往会退回到否认阶段,而不是面对现实、完全进入戒断阶段。还有许多被戒断症状压垮了的人,会直接跳到下一个周期——沉迷。沉迷于挽回或报复,令爱恋成瘾者远离了现实的痛苦。

(7)爱恋成瘾者执着于让爱恋回避者回心转意,或报复爱恋回避者

爱恋成瘾就和很多其他的成瘾一样,是一种强迫性的行为,是对现实痛苦的缓解或治疗。在这个阶段,爱恋成瘾者会发生变化,从前沉迷于拯救者的幻象,现在则沉迷于策划挽回或报复伴侣。他们强迫性地计划着。只要一直忙于计划,就可以减轻戒断反应的痛苦。每当爱恋成瘾者沉迷于挽回或报复中,就没有完全体验到自己的现实。

如果痛苦是爱恋成瘾者最大的感受㊀,他们可能会急着计划从痛苦中解脱,这种计划通常是二次"成瘾"。他们也许会想着和其他人发生关系(可能表明着性瘾)、想要交一个新的对象并形成新的成瘾关系、把注意力转向孩子并且对其中一个或几个孩子产生依赖、醉

㊀ 伴侣的离开可能给爱恋成瘾者带来痛苦、害怕或愤怒三种感受。——译者注

酒（可能意味着酒精成瘾）、暴食（可能意味着食物成瘾）或疯狂购物（可能意味着消费成瘾）。

举个例子。艾伯特在室友托德跟他绝交并搬走后十分痛苦。一天晚上，他独自一人，穿着运动服，心不在焉地看着电视。他突然想吃冰激凌，脑海里一碗诱人的巧克力冰激凌在闪闪发光。他沉醉于想象，跟不上电视节目的剧情了。

如果害怕是爱恋成瘾者最主要的感受，爱恋成瘾者也许会筹划如何挽回爱恋回避者。让一个已经离开你的人回心转意看起来有点荒谬，但爱恋成瘾者很有理由这么做，因为爱恋回避者的性格中通常有非常友好、有魅力和敏感的一面，这是当初吸引爱恋成瘾者的一大原因。

例如爱丽丝，她因为孤单而焦虑得晚上睡不着觉。前男友弗兰克才跟她分手了三天，爱丽丝就感觉孤独疲惫得受不了。这晚，她记起早前他们在约会时，她给弗兰克寄了一封情书约弗兰克在某个餐厅里见面。她不住地想，如果他这时再收到一封这样的信，一定会对她重燃爱火。

格温对孤单的反应不同。她发现了前夫格雷新女友的住所，而且他几乎每晚都睡在新女友家。格温开始沉迷于想象这样的情景：她带着两个孩子，开车到那里，她敲门，看到新女友打开门，后面是她的前夫。她在脑海中排练着恳求她前夫回来的话。在她的想象里，如果前夫能看到两个孩子和自己，他会选择离开新女友和她狭小的公寓，重新回家。

艾达是一个 55 岁的寡妇，她儿子鲍勃告诉她，因为他要结婚了，而且要搬到别的城市里工作生活，所以不能像以往一样经常来看她。儿子没有理会母亲的反对，坚持和未婚妻结婚。因为害怕孤独，害怕儿子再也不照顾自己，她想方设法哄儿子回来，包括表现得特别无助：她无法请人来修理屋顶，无法把她开了 5 年的旧车换掉，诸如此类。她不学习怎么自己处理这些事情，也不去请教她那些有经验的朋友。

宝拉的室友南希是她最好的朋友。南希突然搬走后，她害怕一个人待着。害怕孤独让她出现这样的想象：她在浴室里数着剩下的安眠药，吞下一些，然后打电话告诉南希她自杀了。南希急急忙忙赶回来，开车把她送去医院，因为不知道她是否能活下来而痛苦不安。

如果愤怒和嫉妒是爱恋成瘾者最强烈的情感，爱恋成瘾者通常会想要报复。报复可能会让爱恋回避者（或参与其中的人）不舒服，甚至可能出现极端的犯罪行为，例如毁坏他人的财物，甚至是伤害他人身体。

西尔维娅策划了一个相对轻微的报复。她想把查理那侧衣柜的东西都丢掉。她想象查理回家看到空荡荡的衣柜时，会有怎样的表情。

缇娜的报复计划没有那么温和。她的丈夫是当地有名的商人。丈夫离开她后，她有一个强烈的念头，想要开车到丈夫常去的夜店，在停车场里把他的新奔驰车砸成废铁。

（8）爱恋成瘾者会强迫性地实施他们的计划

度过了计划的阶段，爱恋成瘾者开始强迫性地实施他们的一个或多个计划。他们可能逃离这段关系，和新对象开始新一轮的情感循环；或者，他们让爱恋回避者回心转意，回到情感循环的开始阶段。

艾伯特按照他的计划，穿上他的运动鞋，拿上他的钱包，开车去超市——这时已经深夜两点了。他低着头，避开所有人的视线，拿了3种冰激凌、4包饼干，还有好几盒饮料。当他走到唯一一个开放的结账通道时，排在他前面的还有3位顾客，全都是穿着运动服的肥胖者，购物车里堆满了垃圾食品。艾伯特计划并实施了这次暴食，来减轻托德不在的痛苦。

爱丽丝执行了她的计划，写了一封情书寄给弗兰克。3天之后，她做好头发，涂好指甲油，穿上新裙子，喷上香水，在约定的时间来到餐厅。当弗兰克出现时，她哀求他回来，弗兰克心软了，答应复合。靠着强迫性地制订并实施挽回弗兰克的计划，爱丽丝对孤独的恐惧减少了。甚至在那封信寄出去之后的3天里，她的感觉也变好了很多。她正处在这一情感循环的强迫性阶段。

格温最终把孩子们送上车，把他们带去了她前夫女朋友的公寓，敲了敲门。当格雷的新女友开门时，格温大声说道："汤米想跟爸爸说他牙齿掉了！"对孤独的恐惧让她做出了这样极端的事。

恐惧把艾达和宝拉推进这个阶段中，她们开始强迫性地实施挽回计划。艾达开始用她对屋顶、新车和其他无数无奈的事情轰炸儿子鲍勃。宝拉吞下了安眠药，然后打电话给南希。

西尔维娅的丈夫查理搬走后的一周，她实施了报复计划：把丈夫所有还来不及带走的衣服都捐给慈善机构。她的愤怒和嫉妒让她制订和实施了这样一个让丈夫不爽的计划。

缇娜的愤怒和嫉妒让她带着锤子来到停车场，她砸坏了丈夫的奔驰车。她因损坏私人财产而被捕了，第二天，镇上所有的人都在讨论这件事。

香农的愤怒和嫉妒让她采取了极端的报复手段。香农的丈夫跟她分居了，并提出离婚。几个月之后，当她的丈夫和另一个女人去度假时，香农带着她的两个小孩闯入丈夫的新家里，当场杀死了两个孩子，然后自杀。当然，这么极端暴力的事情，大多数的爱恋成瘾者都不会做；然而，严重的爱恋成瘾戒断反应会让一个有心报复的人采取极端措施。

爱恋成瘾的各个阶段

我发现来我这里咨询的爱恋成瘾者和其他成瘾者有很多相似点，这些相似点很值得进一步探讨。

（1）越来越能忍受他人的不当行为

爱恋成瘾者开始对伴侣感到幻灭，但依然拼命否认来自伴侣的拒绝。伴侣的不当行为不断升级，爱恋成瘾者的忍耐力也上升了。

例如，爱恋成瘾者玛丽安娜，她在这个阶段见咨询师。咨询师可能会问她："这周怎么样？"

"他只是打了我 3 次，但不是很严重，也没有留下瘀青。"

咨询师很失望，因为她观察到玛丽安娜越来越能忍受伴侣的不当行为。在下次咨询时，咨询师再向玛丽安娜询问这周情况。

"他只是打了我 6 个耳光，我只是 1 只眼睛青了而已。我觉得并不是很严重。"这就是一个越来越能忍受他人的不当行为的例子。

男性也有可能越来越能忍受女性伴侣的不当行为。例如"她这周只有一天晚上没回家"。

（2）自理能力降低

爱恋成瘾者会把很多本应由他们自己处理的日常琐事交给关系中的对方处理。爱恋成瘾者渐渐认为满足自己的需求和愿望是关系中另一方的责任。

例如，桑德拉让丈夫保罗处理她继承家产的信托文件，她说，"保罗，你帮我处理这个事情吧，你那么聪明。我知道你能比我处理得好"。安吉说，因为她不记得洗衣店哪天有特价，她要求女儿梅布尔帮她把衣服送去洗衣店。乔坚持让麦克斯打电话约自己吃午饭，但从不主动约麦克斯，因为他说，他记不住麦克斯的电话号码。

（3）不再照顾自己

爱恋成瘾者可能曾经很注意个人仪容，但当他们每次来咨询的时候，变得越来越不修边幅。例如，弗雷德以前有着精心修剪的小胡子和中长发，但他参加团体治疗时，他的头发一次次变得更长、更凌乱，他的胡子也盖住了他的上嘴唇，甚至会在喝咖啡时泡在杯子里。莫琳以前总是穿着漂亮的裙子和衬衫，现在总是穿着松垮垮的运动服，也不再打理头发了。

（4）感觉迟钝

爱恋成瘾者不断感觉到痛苦、愤怒、恐惧、羞耻、嫉妒。然而，当他们和咨询师交谈时，他们总是说自己没有什么感觉。

（5）被困住的感觉

如果爱恋成瘾者迟迟得不到解脱，那么他们就会进入最后几个阶段：要不在修复关系时感觉艰难和无助，要不就会结束关系来逃避痛苦。因为缺乏日常生活能力和自我价值感，伴侣的离开和情绪的痛苦会让爱恋成瘾者感觉生活越来越不堪重负。当爱恋成瘾者进入这一阶段时，他们也有可能变得越来越绝望、抑郁。他们的行为也许会变得怪异或不合时宜。伴随着这种被困住的感觉，他们会感到自己力量的丧失，失去对正在发生的事情做出反应的能力。

（6）最终的阶段

随着爱恋成瘾症状的发展，爱恋成瘾者会感觉到被伴侣虐待了。然而，他们也在同时虐待着伴侣。其中一种虐待形式是不能意识到伴侣其实正在陪伴他们，也不能意识到伴侣正在靠近而不是疏远他们。爱恋成瘾者几乎只能以消极的眼光看周围一切。例如，伴侣可能夸奖过爱恋成瘾者，这是一种陪伴。然而，爱恋成瘾者的消极眼光过滤掉赞美。他们的伴侣可能说过："你今年的花园打理得真好啊！"爱恋成瘾者会回答："嗯，今年的不够好。去年的好一些。"他们只看到不够好的地方，以致错过了赞美。

爱恋成瘾者一方面向爱恋回避者寻求爱，另一方面却以不成熟、不理性，甚至是攻击的态度对待爱恋回避者，这就是爱恋成瘾者虐待爱恋回避者的方式。对一个人很差，同时还期待对方无条件的爱，这很不合理。

爱恋成瘾者很难看到自己有多难相处，因为他们只能看到别人给他们带来了痛苦。他们不觉得自己对别人上瘾了。他们虐待他们的伴侣，要求伴侣和自己纠缠在一起，要求伴侣照顾自己，而且还认为这些要求是正当的，是爱和信任的证明。爱恋成瘾者认为爱恋回避者跟他们分手是不正常的，但其实，爱恋成瘾者的要求是一种胁迫，也是无人可以满足的。

爱恋成瘾者进入戒断期后，会很纠结而且经常实施一些报复计划，但他们很难看到这些行为是在侵犯他人。例如，威胁或者试图自杀；把伴侣的私生活细节告诉对方上司；毁坏伴侣的汽车；把孩子当作棋子使唤，让他们到伴侣的新对象家里演一出戏；在未经允许的情况下把伴侣的衣服送人；暴怒、歇斯底里——这些行为对伴侣来说都是有攻击意味的。爱恋成瘾者以为自己在挽回关系，但其实是在毁坏这段关系。

第 4 章

爱恋成瘾者的伴侣：爱恋回避者的特点

爱恋成瘾者会被有某些可识别的、相当可预测的特点的人所吸引，而具有这些特点的人也会反过来吸引爱恋成瘾者。对爱恋成瘾者来说，"模范"伴侣的标志是回避。这在他们的伴侣看来很不可思议，毕竟爱恋回避者一开始对伴侣有如此强烈的吸引力。

爱恋回避者的特点

爱恋回避者通常有至少以下 3 个特点，综合起来导致回避亲密关系：

1. 爱恋回避者通过在关系之外的活动（通常是成瘾）中创造强烈的情感来逃避关系之中的强烈情感。
2. 爱恋回避者避免在关系中被了解，来保护自己不会被吞没和控制。
3. 爱恋回避者用各种各样的方式来避开伴侣的亲密接触，我把这些方式叫作"疏远技巧"。

我在一男一女恋爱关系中的男性伴侣身上最常见到爱恋回避者的特点，但女性伴侣也有可能具备爱恋回避者的特点。同性关系中的一方也可能会有爱恋回避者的特点。而且，爱恋回避者也会出现在其他关系中的一方身上，例如与孩子、与岳父母、与治疗师或来访者、与亲密的朋友，等等。

爱恋回避者与他人的关系，是一种真正的"抛弃"。爱恋回避者不会与他们的孩子分享他们真实的一面。他们生活在保护性的情绪墙后，就好像看不见的木偶师一样，不断试图控制其他人的选择，寻求与他人的联结。

两种恐惧：一种是有意识的，另一种是无意识的

爱恋回避者在有意识地（而且非常）害怕亲密的关系，因为他们确信亲密的关系会把他们榨干、吞噬和控制。正如我们接下来要看到的那样，爱恋回避者在童年时曾被其他人的需要、其他人的现实

状况、其他人的存在所压榨、吞噬和控制。这些童年纠缠的经历给爱恋回避者带来一种根深蒂固的信念——越是亲密的关系就带来越多痛苦。这个信念来自他们儿童时与照顾者的关系以及成年时与爱恋成瘾者伴侣的相处体验。

与此同时,爱恋回避者害怕被抛弃。这些恐惧通常是无意识的,但有一些爱恋回避者会意识到这一点。成年后的恐惧源于童年时期的经历:孩子可能被照顾者抛弃,或者他们被迫要反过来照顾养育者(因为当孩子被迫照顾养育者时,养育者就会抛弃孩子对养育的需要)。对爱恋回避者而言,童年被抛弃的经历比童年纠缠的经历更不易察觉,但它是真实存在的。由于爱恋回避者在儿童时几乎没有人缓解他们被抛弃的痛苦、恐惧和空虚,所以,他们没有学习到一段人际关系是可以缓解这些感觉的。然而,他们这种对抛弃的无意识恐惧,吸引着他们走入关系,尽管他们很难做出承诺或与伴侣产生联结。

在无意识的层面,爱恋回避者其实察觉到爱恋成瘾者强烈的、害怕被抛弃的恐惧,而且也被之吸引,因为爱恋回避者知道,只要威胁离开关系就能引发伴侣的恐惧。爱恋回避者相信,他们可以这样控制关系,从而避免被压榨、淹没或被控制,在更深的层面上,也能避免被抛弃。

所以,爱恋回避者和爱恋成瘾者有两种同样的恐惧:对亲密的恐惧和对孤独的恐惧。不一样的是,对哪种恐惧是有意识、哪种是无意识的。爱恋成瘾者强烈地恐惧被抛弃,但他们无意识中恐惧亲密，导致他们无意识地选择一个不能亲密的人。而爱恋回避者强烈地恐惧亲密，却也潜在地害怕被抛弃，这让他们在关系中一直占上风：他们能满足对方的需求而不被吞噬，从而感觉到自己的强大。

避免在关系中的情感强度

爱恋回避者最主要的目标是让关系中的情感强度保持在最低限度，因为关系中的强烈情感会让他们感到非常疲惫、恐惧或难以承受。他们用一种成瘾一样的方法，专注于亲密关系之外的活动避免亲密的关系。任何成瘾的东西都可以，效果是一样的：他们无法陪伴他们的伴侣。专注于关系之外的活动时，爱恋回避者远远地拉开了与爱恋成瘾者之间的距离。他们的伴侣感到爱恋回避者好像不是真的在这段关系中，因为在本质上，爱恋回避者确实不在其中。

更何况，爱恋回避者在关系之外的强烈情感让他们感到一种能量感、一种参与生活的感觉；相反，他们在关系中感觉不到这样的能量，因为他们将关系中的情感强度保持在低水平。爱恋成瘾者这种缺乏能量的感觉，进一步加深了他们和伴侣的距离感。

避免被伴侣了解

我们都知道，亲密感包括与不带评判的倾听者分享有关自我的信息。爱恋回避者面临亲密接触时，会避免被对方了解。我认为，这是因为爱恋回避者害怕与他人分享自我后，会被利用、吞噬或操控。这种特质表现在他们不愿意向伴侣表明他们的需要，反而需要他们的伴侣去猜测这些事。

这些对被利用、被吞噬以及亲密的恐惧，来自爱恋回避者的童年。当他们与养育者分享有关自我的信息时，这些信息确实被养育者利用来操纵爱恋回避者来照顾养育者。此外，正如我们看到的这样，爱恋成瘾者也想要与伴侣纠缠在一起，得到无条件的爱和关注，他们也会利用爱恋回避者的信息来实现这个目的。

另外，如果爱恋成瘾者未能满足或回应爱恋回避者的需求，爱恋回避者就会感到自己和小时候一样，被背叛和辜负了。

避免亲密关系中的接触

爱恋回避者用各种方法疏远伴侣，避免亲密。这些疏远的方法包括"竖起心墙而非设立健康的边界""保持某种形式的分心""控制亲密关系"或"投入成瘾行为"。

竖起心墙而非设立健康的边界

当一个人在向另一个人分享真实的自己，而另一方在不评判或试图改变它的情况下理解它时，健康的亲密接触就此产生。这可以包括一个或多个现实层面：身体、性、情感和智力㊀。

㊀ 有关亲密关系中更详细的现实状况，请看《依赖症，再见！》。

健康的边界是亲密交流的重要部分。这些边界提供了保护，让我们在听到其他人的（可能是我们不喜欢的）真实状况时或向他人分享我们自己的状况时，也能感到舒适。这些边界也能帮助我们约束自己的真实状况，以便我们能用合适的方法表达它们，而不会用它们虐待或侵犯到其他人[一]。

很多共依赖者的核心症状之一是无法维持健康的边界。一些人使用心墙代替健康的边界。心墙确实能保护我们，但和边界不同，它是亲密关系的障碍。当一个人或者两个人都竖起心墙，就不可能体验到亲密感。

想象你站在家的草坪边上，一道界线隔开你和你邻居的院子。这道界线就像是健康的边界。你知道这道界线在哪儿，你可以看到界线之外，你可以和你的邻居讲话，可以在上面建立关系。你和你的邻居都知道自己的权利从哪里开始、到哪里结束。

如果你沿着这道界线建一堵高高的砖墙或者木篱笆，你和你的邻居之间就有了一个物理障碍。你不能再轻易地见到他、和他聊天。这堵墙给你提供了保护和隐私，但妨碍了你和你邻居之间的关系。虽然高高的砖墙在设定财产界线上有些优势，但心墙阻止了亲密的人际关系。

有几种心墙会阻碍我们与人交往。例如用愤怒和恐惧筑成的心墙，利用强烈的情绪让人们保持距离。爱恋回避者也可能用沉默筑

[一] 更详细的讨论请看《依赖症，再见！》。

成一堵墙，把语言交流降到最低限度；用人为的"成熟"筑墙，时刻保持平静，从来不展露情感（这是回避情感的亲密）；用礼貌筑墙，始终彬彬有礼，甚至对伴侣隐瞒关系中的困境——其实表露这些困境可能使关系出现转机（这是回避智力和情感的亲密）。

保持某种形式的分心

爱恋回避者另一种与伴侣疏远的方式是，当伴侣在场时，一直忙着一件别的事情。例如，在开车时一直播放收音机，就是一个常见的例子。爱恋回避者在家里时可能会一直开着电视、忙着修理东西或者倒腾爱好。有时候，爱恋回避者会沉迷于网球、高尔夫、保龄球、垒球之类的运动，这样，他们就可以合情合理地躲开伴侣。享受这些活动都没有错，有问题的是他们这么做是为了避开关系中的亲密接触。即使两个人一起参加活动（例如父子两人一起打猎或者打高尔夫球），活动本身也会取代情感和思想的亲密交流。

控制亲密关系

在美国的文化中，价值感、力量感和金钱之间的关系很有意思。当人们的价值感上升时，人们的力量感和赚钱能力往往都会上升。同样道理，如果人们增强力量感，人们的价值感和赚钱能力也会相应提升。反之，如果人们赚钱的能力下降，人们的价值感和力量感就会下降。这三个方面中任何一方面的改变，都会影响其他两个方面——上升或者下降。

爱恋回避者试图控制金钱来获得力量感和价值感，从而控制他们的伴侣。他们内心深处的这种控制需求来自他们最大的恐惧：其他人会决定他们必须成为谁。

这乍眼看来似乎很矛盾：一个人既在努力避免陷入一段关系，又想控制别人留在这段关系中。是什么阻止了这个人去做个与世隔绝的隐士？我相信是他潜在的对被抛弃的恐惧，再加上拯救无助脆弱的爱恋成瘾者过程中带来的价值感、力量感和爱慕。爱恋回避者想要而且需要处于一段关系中，并感觉到和他人联结；但他们需要以一种非常安全的方式在一段关系中，因为他们惧怕被这段关系吞没、控制。他们利用价值感、力量感、金钱，并且抑制亲密感占据关系中的主导权，从而控制这段关系。

另一种控制的方式，是在任何情形中都处于胜者或正确的位置，因为输了或错了就意味着失去控制权。然而，还有一种方式是避免争论，因为在争论中输掉意味着要面对伴侣论点的逻辑，需要改正或者承认自己的错误，因此带来一种失去控制的感觉。

有些爱恋回避者也会用身体上的力量甚至是暴力来控制爱恋成瘾者。这是很多有身体暴力的关系中运作的因素。

投入成瘾行为

爱恋回避者的成瘾行为可以满足几个目的。其中最重要的目的是在关系之外创造强度，以便爱恋回避者把精力和兴趣投入在生活中。第二个目的是治疗让爱恋回避者无法忍受的和不能面对的生活状况。第三个目的是引起爱恋成瘾者的关注。爱恋回避者的成瘾行为，相当于对爱恋成瘾者说："这世界上有些东西比你更重要。"这就让爱恋成瘾者的重心一直在"赢回"爱恋回避者的心上。第四，爱恋回避者可以通过成瘾的效果吓唬爱恋成瘾者，从而进一步控制爱恋成瘾者。

爱恋回避者的童年创伤

我们通过我们的原生家庭来学习如何维持人际关系。爱恋回避者的原生家庭通常在家庭成员之间有强烈的羁绊，但这种羁绊可能太过强烈了。我把这种强烈的羁绊叫作"纠缠"。纠缠和健康的人际联结是完全不同的，然而，对于这些儿童来说，纠缠似乎是健康的。

纠缠和健康人际联结之间的区别

有一种适当的、密切的亲子关系叫联结，是父母对子女的一种功能性活动。这种情感联结就像一条从父母到孩子的情感脐带，父母扎根于成熟、稳定的地方，滋养和支持孩子。

纠缠则是相反的。亲子之间的情感联结也像一条脐带，只是养分从孩子身上抽取出来，滋养父母。这些被套牢的孩子会被父母对陪伴、关注和爱的需求榨干和利用。与父母发生过纠缠关系的孩子，最常成为爱恋回避者。（爱恋成瘾者则不是这样被闷头使用，而是被抛弃、冷落了。）我认为我们必须尊重爱恋回避者的困境。他们的康复过程并不比爱恋成瘾者容易。在被照顾者利用的过程中，爱恋回避者也是被抛弃的，因为他们照顾自己的父母时，没有人照顾他们。

情感上的性虐待

纠缠也是一种情感上的性虐待。当父母把孩子卷入他们正在进行的成年人的关系之中时,情感上的性虐待就发生了。通常会把孩子卷入成年人关系的父母都太不成熟,不能与另一个成年人亲近;他们觉得和成年人亲近太有威胁性、太痛苦。然而他们意识到他们可以和孩子亲密接触,因为孩子是脆弱的,而且孩子不会抛弃他们,为了生存必须待在他们身边。所以,爱恋回避者会和他们的父母产生非常强烈的联系[一]。

正如我们看到的,爱恋成瘾者对家庭的贡献是在无欲无求、安静乖巧、不打扰任何人也不与任何人联系——总而言之,就是不从家里获取任何东西。爱恋回避者也有类似经历,但他们更进一步——作为孩子,他们也没有从家里得到任何东西;而且他们还必须向父母提供自己的资源,支持和养育父母。

这样纠缠关系的强度以及对孩子的消耗,使这些孩子不堪重负。他们从那些与他们纠缠的成年人身上得到这样的信号:"你是我生命中更高的力量,你是我全心投入的对象。你将控制和主宰一切。"但没有说出来的秘密信息是:"同时,因为你在情感上供养我,你将被榨干,你会被强烈的关系吞没。"

尽管爱恋回避者(甚至在他们小时候)通过照顾跟他们纠缠的父母获得了力量感和控制感,然而,他们也在承担着引导父母生活的责任。控制者也承担了对方如何生活的责任,而承担一个成年人福

[一] 见《依赖症,再见!》一书。

祉的责任，让孩子产生了无比的耗竭感。

那些会纠缠和榨干孩子的养育者一般都是爱恋成瘾者。异性恋中男爱恋回避者通常与他们的母亲有纠缠关系。如今很多异性恋女性在与男爱恋回避者的关系中，都是爱恋成瘾者，而且被她们的丈夫抛弃。这些被抛弃的女性往往会转而把注意力集中在儿子身上，因为对他们来说，母子关系比夫妻关系更重要，因为她们的丈夫不在身边。这就制造了另一个爱恋回避者；当她们的儿子长大成人后，会对其他爱恋成瘾者产生强大的吸引力，然后进入到一段回避亲密的关系中，因为害怕被吞没和耗竭。

我不是暗示抛弃妻子的男人们是罪魁祸首，妻子对儿子（或有时是女儿）的情感上的性虐待也有相同的责任，因为她们应当正视与丈夫的关系中的问题并采取改善措施。情感上的性虐待也可能发生在女性身上。例如，爸爸可能会让她成为"爸爸的乖女儿"，把她放在一个王座上，让她比妈妈更重要。女性往往就是这样成为爱恋回避者的。

进退两难：是主宰但也被吞噬

爱恋回避者通常会觉得自己在原生家庭中很受宠，因为他们认为自己必定非同寻常，才会照顾自己的父母一方或双方。他们了解到，与他人联结意味着自己可以成为他人的主宰，但也意味着自己会被耗竭。这样的孩子往往会相信自己比别人强，而这种信念让他们错判了自己真正的自尊程度和能力水平，让他们要么自大，要么自卑。他们甚至认为，那些属于健康程度的能力和自信在某种程度上是不够的。

综上所述，那些被纠缠的孩子们在成长过程中发展出三个错误的关系信念：

1. 照顾需要帮助的人，我才是有价值的；
2. 照顾需要帮助的人是我的工作。因此，不是出于爱，而是出于责任或者内疚，我才会进入一段亲密关系；
3. 接近一个人，意味着我会感到窒息和被控制，所以我避免自己与他人亲近。

共依赖

爱恋回避者其实不具备建立亲密关系的能力。由于他们的原生家庭对他们来说毫无养育作用，爱恋回避者会有共依赖的症状。共依赖的核心症状二（难以设立边界）和核心症状三（难以拥有和表现真实自我）常常出现在爱恋回避者身上。他们从没学会如何拥有健康的边界，因为他们的权利从来没有被他们的父母尊重，他们的需要从未被父母满足。

他们也可能有其他共依赖的症状，但程度较轻。例如，爱恋回避者通常认为自己比其他人好，但有时候会消沉到觉得自己毫无价值。他们也缺乏适当的自我照顾能力，但这个症状不像爱恋成瘾者那么严重。爱恋成瘾者多少也有点难自我安慰。

另外，为了"治疗"共依赖的痛苦，爱恋回避者往往已经投入到一种或多种成瘾活动中。正如我们在第1章中说过的，这是共依赖的次要症状。所以，无论是爱恋回避者还是爱恋成瘾者，双方都通过成瘾行为来"医治"他们未受治疗的共依赖症状。

同一个人身上可以找到爱恋回避者和爱恋成瘾者的症状

有的人在原生家庭中，经历了与父母中的一方的纠缠，又被另一方抛弃；或者与父母纠缠一段时间后，父母抛弃了他们（例如单亲妈妈与她儿子纠缠，但之后她和另一个男人发展了关系，抛弃了儿子）。那些既被原生家庭纠缠又被抛弃的人，亲子之间没有恰当的情感联系。他们从经验中了解到，与人联系既意味着被吞噬和压榨，又意味着被抛弃。因此，他们可以表现出爱恋成瘾者或爱恋回避者这两者中的任何一种特征。

这样的人通常会在爱恋成瘾者和爱恋回避者两种角色中交替。一个爱恋成瘾者也许会被一个爱恋回避者抛弃，然后心想："我真是傻，我再也不会对其他人这么上心了。"于是这个人遇见一个非常需要他的人，便成了爱恋回避者，控制着这段感情。然后，这个人尝试用这种方式交往，又发现行不通，于是他又成了爱恋成瘾者。

有时候，伴侣会轮流扮演爱恋成瘾者和爱恋回避者，因为他们两个人可能都是性成瘾者、工作狂或者酗酒者。也许，当妻子表现得像是爱恋成瘾者时，丈夫就成了性成瘾者或爱恋回避者；但当丈夫表现得像爱恋成瘾者时，妻子就成了酗酒者或爱恋回避者。哪种成瘾并不重要。当两个人的这两种角色交替出现时，就会发生身体上的暴力以及情感和心理上的冲突，形成最激烈和最疯狂的关系，甚至会杀人。对于社会来说，这是个严重的问题。

第 5 章
爱恋回避者的情感循环

　　爱恋回避者也会有他们的循环，而且他们的循环和爱恋成瘾者的一样有害。他们进入关系时，更像是一个照顾者，而不是一种相互照顾的平等关系。实际上，爱恋回避者的照顾者形象更像是一种诱惑，是他们的"墙"，避免他们在关系中感到窒息。这种并非出自真心的照顾实质上让爱恋回避者心中充满了怨恨。这种怨恨让他们与亲密关系保持距离，在亲密关系之外创造出强烈的情感体验，而且他们感觉很好。他们最终会对保持距离感到内疚，然后会回到照顾者的位置，或开展一段新的关系。

情感循环

图 5-1 用圆表示了爱恋回避者的情感循环。请按照数字顺序看这张图。

```
                 6. 爱恋回避者因为恐惧被抛
                 弃或负罪感而回到关系中，再
                 次开始情感循环，或者重新开
                 始寻找伴侣
1. 因为他们觉得如果拒
绝，会有负罪感，爱恋回
避者进入一段关系
                                      5. 爱恋回避者在
                                      关系之外寻求强烈
2. 爱恋回避者以"诱                     的情感，让自己有
惑"为墙，他们在这堵                    "活着"的感觉
墙后面与人建立联结，
避免让自己感到脆弱，
而且让伴侣感到被爱或
是特别的
                                      4. 爱恋回避者因怨根
3. 爱恋回避者还是感到                  或受害者的感觉而与伴
窒息，他们用"愤怒"或                  侣拉开距离
"苛刻"为墙，变得对伴
侣非常不满
```

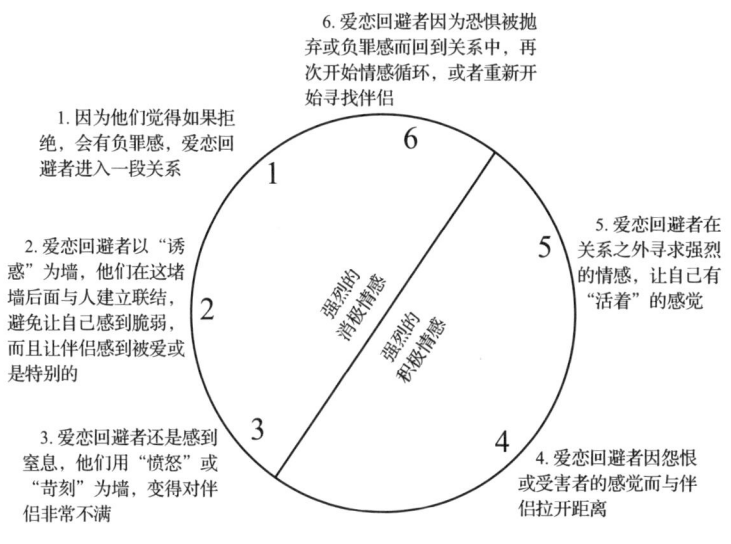

图 5-1　爱恋回避者的情感循环

（1）因为他们觉得如果拒绝，会有负罪感，爱恋回避者进入一段关系

童年时期被吞没、被纠缠的创伤经历，会让他们倾向于成为照顾者的角色，而且倾向于通过承担责任建立人际关系。我认为，照顾有需要的人已经成了爱恋回避者的价值体系，所以，如果爱恋回避者拒绝成为照顾者，他们会有负罪感。

（2）爱恋回避者以"诱惑"为墙，他们在这堵墙后面与人建立联结，避免让自己感到脆弱，而且让伴侣感到被爱或是特别的

被淹没的经历让爱恋回避者对"控制和被控制"特别敏感。于是，为了避免被控制、被淹没，爱恋回避者用"诱惑"来隔绝自己、控制伴侣。然而这诱惑让爱恋成瘾者以为自己遇到了真爱，而忽视了爱恋回避者其实在把自己隔绝起来。在这堵墙外，爱恋回避者既不告诉伴侣什么对自己来说是最重要的，也不知道什么对伴侣来说是最重要的。总之，这段根本不亲密的关系处在一种亲密的假象中。

（3）爱恋回避者还是感到窒息，他们用"愤怒"或"苛刻"为墙，变得对伴侣非常不满

爱恋成瘾者对伴侣的依赖迟早会成为爱恋回避者的负担。于是，爱恋回避者感到窒息，但这些感受其实来自他们童年期间被照顾者纠缠的经历——连带着害怕、痛苦和耗竭的感受，连呼吸的力量都被抽干。这和爱恋成瘾者的那种被抛弃感不同，爱恋成瘾者的被抛弃感是令人痛苦的，带着恐惧、愤怒、空虚，好像生活在真空中。爱恋成瘾者和爱恋回避者都有难以呼吸的感觉，但爱恋成瘾者感到被抛弃和被剥夺，爱恋回避者则是感到被紧紧缠住、精疲力竭。

当爱恋回避者觉得要被爱恋成瘾伴侣的依赖耗竭时，他们就会对对方带有成见，看不起对方。同时，爱恋回避者也觉得被对方的依赖控制住了。

而且，在成年关系中，爱恋回避者也常被勾起童年时期对养育者的愤怒，这些愤怒令他们更挑剔爱恋成瘾者的缺点，对爱恋成瘾者的依赖更加严厉。

（4）爱恋回避者因怨恨或受害者的感觉而与伴侣拉开距离

怨恨是爱恋回避者生气时的感受，因为他们觉得自己是伴侣"过多要求"的受害者。正因为被伴侣伤害了，爱恋回避者觉得自己的怨恨非常正当。

（5）爱恋回避者在关系之外寻求强烈的情感，让自己有"活着"的感觉

被父母纠缠会让孩子"适应"依赖的照顾者。在适应的过程中，孩子们的自发性消失了。他们慢慢感到内在越来越空虚死寂，并寻求强烈的情感，以掩饰这种内在的死亡。

值得注意的是，自发性是我们真正生命力的来源。自发性只存在于我们的真实自我中，存在于我们的灵魂栖息之处。自发性让我们的生命有意义，让我们焕发活力。

然而，被纠缠的经历令爱恋回避者有强烈的冒险倾向，例如赌钱、性爱成瘾、工作成瘾或物质成瘾。

（6）爱恋回避者因为恐惧被抛弃或负罪感而回到关系中，再次开始情感循环，或者重新开始寻找伴侣

爱恋回避者通常在脱离关系时充满负罪感。作为被父母纠缠的孩子，爱恋回避者对需要帮助的人负有责任，照顾他人是种行为准则。因此，出于内疚，爱恋回避者通常会回到爱恋成瘾者身边，而爱恋成瘾者已经准备实施一个挽回爱恋回避者的计划了。

当发现伴侣已经放弃追求而离开时，爱恋回避者的被抛弃恐惧就被触发了。他们很可能会引诱爱恋成瘾者复合。如果爱恋回避者没有和旧爱复合，他们多半是在和另一个爱恋成瘾者建立互相成瘾的关系。

第6章

当爱恋成瘾者和爱恋回避者相遇：共成瘾关系的特点

爱恋成瘾者和爱恋回避者为了逃避现实和亲密，他们的关系通常充满了激烈的情感和强迫的行为。这种关系的形式和发展具有一种明显特点，我把它叫作"共成瘾"。

三种共成瘾关系

有三种共成瘾关系：爱恋成瘾者之间、爱恋回避者之间、爱恋成瘾者和爱恋回避者之间。

（1）爱恋成瘾者之间

爱恋成瘾者之间会形成一种强烈的人际关系。他们互相痴缠，互相依赖。在他们的关系里，绝对容不下其他的人。很多时候他们甚至都会排斥自己的孩子，让这些孩子觉得自己被父母抛弃了，因为父母只关心伴侣或者只关心夫妻关系。

在一些爱恋成瘾者之间的关系里，其中一个爱恋成瘾者对另一个爱恋成瘾者的纠缠会更加强烈。爱恋成瘾者都想让对方满足自己的幻想，手段不够强硬的那方觉得自己面临着窒息的危险，于是会在关系中使用一些爱恋回避者的策略。

（2）爱恋回避者之间

在爱恋回避者之间的关系里，亲密度是很低的。他们觉得保持不那么强烈的关系让他们觉得比较舒服，然而，他们都在亲密关系之外建立更加强烈的关系，这通常不包括另一方。例如，其中一个人是工作狂，另一个人则完全投入义工活动；或者，其中一个人酗酒，另一个人是个购物狂、花园爱好者或家装改造狂；或者，其中一个人为了回避他们的伴侣，变成了对孩子上瘾的爱恋成瘾者。

爱恋回避者之间还有一种关系形式，两个爱恋回避者觉得双方非常亲密，但其实他们一起在亲密关系之外有了某种强烈的情感体验，共同回避了亲密关系。例如，夫妻双方一起沉迷搭档参加桥牌竞赛、跳方块舞、划赛艇。我不是说夫妻双方不可以都喜欢打桥牌、跳舞、划艇，而是说，如果夫妻双方都在狂热地投入这些活动而回避亲密关系时，这些活动就成了关系中的障碍。

(3) 爱恋成瘾者和爱恋回避者之间

爱恋成瘾者和爱恋回避者会形成一种以强烈的积极和消极情感循环为标志的关系（他们把这叫作爱、浪漫或热情），直到无法忍受彼此，就会结束这段关系，跟另一个人重复这一段循环。他们互相吸引，互相厌恶——这个矛盾通常被他们表述为："我既不能和他在一起，也不能没有他。"

本书所说的"共成瘾关系"描述了爱恋成瘾者和爱恋回避者之间的关系变化以及应对方式。至于在其他两种共成瘾关系中（爱恋回避者之间或爱恋成瘾者之间）的人，也可以在本书中获得指引，创造更良好的关系。就算伴侣中只有其中一人进入康复阶段，也能打破共成瘾关系中陈旧的、病态的和重复的模式和周期。

关系成瘾对个人的影响

对于个人生活而言，成瘾可以是有用的：强迫行为可以有效地让人从现实的痛苦中解脱出来，甚至可以让人无视强迫行为带来的副作用。就这样，"瘾"逐渐变成一个人的生活重心，但也带来成瘾者通常会忽略的恶劣后果。

对于爱恋成瘾者而言，成瘾的首要因素是伴侣和有关伴侣的幻想。爱恋成瘾者痴迷于伴侣，想要在关系中创造情感强度[一]——事实上，他们追求的是一种太过紧密的关系，可以说是一种纠缠，而不是健康的亲密。

爱恋回避者的"瘾"则在亲密关系之外：酒精、性爱、工作、宗教、赌博、挥霍、其他各种事情。爱恋回避者热衷于在亲密关系之外寻求刺激，而不是跟爱恋成瘾者那样沉醉于关系之中的亲密。爱恋回避者可以凭借着对关系之外任何事物的沉迷，从亲密关系中脱离出来。

我们通常见到的共成瘾关系是浪漫关系，由一女（爱恋成瘾者）一男（爱恋回避者）组成，然而，有时候性别反过来也成立。不是所有的共成瘾关系都是浪漫关系。几乎任何两个人之间的关系都可以是共成瘾关系。

一个人可以既是爱恋成瘾者，也是爱恋回避者

让情况更复杂的是，一个人可以既是爱恋成瘾者，也是爱恋回避者。一个人可以在一段亲密关系中是爱恋回避者，在之外的关系中是爱恋成瘾者。举个例子：马蒂有性成瘾，他的妻子沙伦有爱恋成瘾。马蒂在这段婚姻关系中是爱恋回避者。然而，在这段主要关系之外，在马蒂与他的情人雅基（同样有性成瘾）之间，他可能是一

[一] 强烈的情感体验。——译者注

个爱恋成瘾者，即使他回避与沙伦之间的亲密感。(是的，就是这么复杂，你再慢慢读一次。)爱恋成瘾的关系可能错综复杂。

作为共依赖患者，爱恋成瘾者和爱恋回避者都因为不能与自身建立良好的关系，而感到一种内在的失败，但他们在相互成瘾关系中以不同的方式反映出这种内在失败。我们知道，健康的亲密关系的核心是在以下四个层面中至少一个层面有亲密的交流：实际生活、性、情感和智力。

在健康的亲密关系中，内在边界⊖能让我们在接受外在反馈时（无论这些外在反馈是赞赏、牢骚、感慨或告知关系中的问题）保持平和，也能防止我们在对他人反馈时出现过激的言行。良好的内在边界能让我们保持真诚，能冒险告诉他人自己的真实想法。没有良好的边界，亲密就会带来很多恐惧。

共依赖患者之间亲密感的交流，和健康关系中的交流很不一样。共依赖患者缺乏健康的内在边界（这是共依赖症的核心症状）。没有健康的内在边界，关系中的双方就无法变得亲密——也就是说，只要他们在向伴侣分享自己的真实想法和感受，伴侣就会忍不住改正对方，或竭力为自己辩护，或跟对方争论；他们甚至可能会以自诩的"诚实"对对方出言不逊，以讽刺、夸大、嘲笑、辱骂等方式侵犯对方的内在边界。

⊖ 关于内在边界，在《依赖症，再见！》中有更详细的说明。

成瘾者和回避者之间的交流

可以说,爱恋成瘾者是一个自由派,而爱恋回避者是一个保守派。爱恋成瘾者不断寻求关系中的改善,以求得到他们想要的——更多的亲密、更多的关怀。爱恋回避者想要维持现状,从而保持关系稳定、理性、可预测。爱恋回避者不认为改变是好的。爱恋成瘾者认为,爱恋回避者不愿意改变,是问题的根源所在;然而,爱恋回避者认为,爱恋成瘾者提出的改变相当于要自己屈服于他人的控制。于是谈判陷入僵局。

爱恋回避者回避亲密,也会对其他任何形式的控制高度敏感。爱恋成瘾者想要纠缠,对任何被抛弃的感觉高度敏感。

为什么爱恋成瘾者和爱恋回避者之间相互吸引

请记住,每个人最开始都是被他人身上的"相似点"所吸引的。对于爱恋成瘾者(或回避者)而言,这些相似点的来源都是痛苦的被虐待的童年经历。通常,爱恋成瘾者和爱恋回避者都会被有成瘾问题的人吸引。当他们见到一个没有瘾的人时,他们会觉得,"天啊,这人真无聊""我不觉得我们很相似""我跟他不来电"或"她太独立了"。这种感觉通常是对的,没有瘾的人身上没有那些熟悉的、维持共成瘾关系的特点。如果爱恋成瘾者和爱恋回避者还没有学会在关系中采用更健康的思维和行为方式,健康的人在他们眼中,就会显得很没有吸引力。就算他们直接和健康的人在一起,只要他们没有经历治疗和康复，问题也不会解决。

然而为什么两个共依赖患者会在彼此身上感觉到那么大的吸引力呢？到底是什么特质在吸引着他们呢？我认为这其中有几个因素。

是什么让爱恋成瘾者认为爱恋回避者有魅力

至少有以下三个因素与爱恋回避者对爱恋成瘾者的吸引相关：和原生家庭的感觉相似；童年创伤得以疗愈的希望；满足童年幻想的可能性。

（1）和原生家庭的感觉相似

我们通常以自己在原生家庭中学到的方式保持亲密感。孩子对养育者在他们的亲密关系中的样子很熟悉。即使这种亲密关系可能是不健康的，但因为非常熟悉，我们还是会在这种关系中感到舒适和安全。当成年后寻找伴侣时，在某种程度上，我们会被那些与养育者相似的人所吸引。

因为爱恋成瘾者在原生家庭中所经历的被遗弃和孤立感教会他们安静、独自一人、无欲无求（也就是不烦父母），让他们容易被那些不怎么试图吸引他们注意力的人所吸引。

那些令他们感到有吸引力的人通常同时做很多事情，而且通常对不止一种事物成瘾。这种人好像因为太忙了，所以只能顾得上自己。这正是爱恋成瘾者所熟悉的，那种因为太忙而无暇关注他们的人。

（2）童年创伤得以疗愈的希望

一部分的自信心被摧毁了，因为被抛弃隐含着"他们不值得在一起"。那些会离开爱恋成瘾者的人，例如爱恋回避者，对爱恋成瘾者有极大的吸引力。爱恋成瘾者在小时候无法挽回抛弃他们的父母，也没有从父母那里感觉到自己是被珍惜的，成年之后，他们就会挽回抛弃自己的人，让自己重新感觉到自己是被珍惜的，从而来修复自信心。

"我深深希望我的父亲能陪伴我。我认为，他对我的关心是他爱我的证据。然而，他没有那么做。我被那些不能陪伴我的人吸引了，试图在他们身上获得我童年时没有得到过的关注，这是我在试着解开与父亲的心结。我这么做并不是为了满足我被关注的需要，而是在试图疗愈童年时的创伤。"⊖

（3）满足童年幻想的可能性

爱恋成瘾者也在寻找他们童年幻想中的拯救者来保护他们、安慰他们，来成为他们的主宰。健康人——也就是那些需要爱恋成瘾者有见解、不会免费来帮忙、不会散发着诱惑、不会与爱恋成瘾者争执的人——对于爱恋成瘾者来说毫无吸引力。爱恋成瘾者也许会觉得健康人又无聊、又麻木，还很奇怪。相对地，爱恋成瘾者对爱恋回避者的包办一切、诱惑力，以及强烈的控制观点十分来电。

⊖ 这是作者对自己共依赖经历的自述。——译者注

是什么让爱恋回避者被爱恋成瘾者吸引

至少有以下两点让爱恋回避者被爱恋成瘾者吸引：熟悉的吸引力；童年创伤会被疗愈的希望。

（1）熟悉的吸引力

爱恋回避者习惯于拯救那些脆弱的、依赖的、无助的人，这会让他们感觉到有安全感和有力量。他们的情感雷达会寻找那些需要被拯救的人；当他们接收到这些信号时，爱恋回避者会变得充满诱惑力、充满力量。那些习惯于自己照顾自己并照顾得不错、说话直接、自己解决问题、没有在挣扎的人，对爱恋回避者来说毫无吸引力。事实上，这些人也会被爱恋回避者认为太过独立、太过自以为聪明或没有女人味（如果这人正好是个女人）。

（2）童年创伤会被疗愈的希望

对于爱恋回避者来说，童年创伤是他们被压榨、利用，以及被抛弃的经历。爱恋回避者常常被那些没有力量、需要依靠别人、脆弱的人和容易被控制的人所吸引。爱恋回避者相信，与这些人之间的关系可以避免自己被吞没、压榨，从而疗愈童年时期的纠缠创伤。

是什么让爱恋回避者和爱恋成瘾者互相疏远

爱恋成瘾者和爱恋回避者相互吸引，但他们最终也会对对方产生厌恶。当爱恋回避者开始对亲密关系之外的事物成瘾，爱恋成瘾者觉得被抛弃了。爱恋成瘾者感觉到痛苦、恐惧、愤怒，也唤起了和童年被抛弃时类似的感觉，这让他们感到强烈不适。

爱恋回避者开始觉得被爱恋成瘾者所控制和吞噬，他们似乎要被迫成为一个照顾者，与爱恋成瘾者相伴，并解决对方所有难题。他们一开始被熟悉感所吸引，但最终也会因为这种与童年虐待经历相似的情形而对对方产生厌恶。

我们已经知道，共成瘾关系中的双方都害怕被抛弃与太亲密。图 6-1 描述了，一方意识层面内的恐惧，可能也是另一方无意识的恐惧。

	意识到的恐惧	意识不到的恐惧
爱恋成瘾者	抛弃	亲密
爱恋回避者	亲密（吞没）	抛弃

图 6-1

在亲密关系中，爱恋回避者避开亲密的举动，恰恰激发了爱恋成瘾者对于被抛弃的恐惧。爱恋成瘾者最终可能会被抛弃，因为爱恋回避者不能忍受爱恋成瘾者的依赖和情绪强度。

反过来，爱恋成瘾者强烈的渴求和追逐恰恰触发了爱恋回避者对被吞没的恐惧，爱恋回避者终究会被爱恋成瘾者的渴求和追逐所吞没。双方意识到的恐惧，恰好激发出让对方无法忍受的举动。

共成瘾之舞

爱恋成瘾者最终会在追逐中感到精疲力竭，然后投降并转身离开，开始疗伤或进入另一段关系中或沉迷于另一种"瘾"来掩饰痛苦。爱恋回避者很快发现自己不再被追逐了，这激发了他们内心深处对于被抛弃的恐惧，于是爱恋回避者再次挽回并接近爱恋成瘾者。当追逐的人最终与逃避的人相遇，他们会进入一段感情特别炽烈的阶段——这可以是一段浪漫的插曲，也可以是一场恶战。

爱恋回避者通常用诱惑来重新与人建立联结，突然开始做一切伴侣想要让他们做的事情。爱恋成瘾者欣喜地回过头来："哇，原来你还爱我！"爱恋成瘾者就是这样朝着爱恋回避者跑过去。然而，当爱恋成瘾者带着所有的依赖和强烈的情感逼近时，爱恋回避者掉头就跑，于是回到故事的最开头。这样的舞步产生了我所说的积极的或消极的情感。

积极的或消极的情感

我们看到，即使每个人多多少少有不同，共成瘾关系也一般遵循着一些规律。图 6-2 就正好表示了这些模式。接下来，我们会描述这些行为是如何让关系成瘾者互相刺激、巩固共成瘾的关系模式的。

左边的齿轮代表着爱恋成瘾者的情感循环，它会按照顺时针转动；而右边的齿轮代表着爱恋回避者的情感循环，它会按照逆时针旋转。这两个齿轮完美咬合，相互带动，不断循环。关系中的每个人都在经历着自身的情感循环，但两者之间的共同作用，才形成了共成瘾关系——这种强烈的、混乱的、惊心动魄的关系。

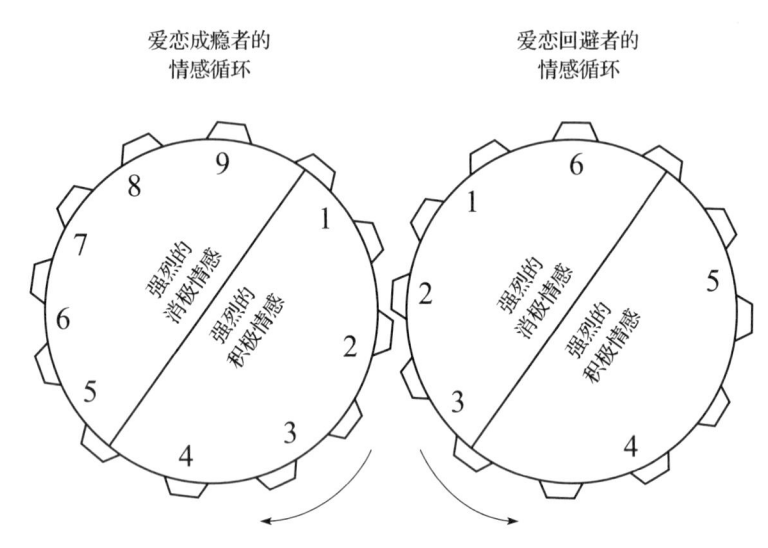

爱恋成瘾者的情感循环　　　　　爱恋回避者的情感循环

爱恋成瘾者
1. 被爱恋回避者表现出的"力量感"或一些引诱的手段所吸引
2. 发觉童年幻想似乎能够实现，于是感到情绪高涨
3. 从孤独、空虚和与伴侣无关的痛苦中解脱
4. 越来越依赖伴侣，并且否认爱恋回避者在拒绝自己的现实
5. 逐渐意识到伴侣的拒绝，意识到伴侣在关系之外的投入，不再拒绝现实
6. 进入戒断状态
7. 沉迷于想方设法让爱恋回避者回到关系中，或报复对方
8. 强迫性地实施上述让对方回心转意或报复对方的计划
9. 如果对方回到关系中，与爱恋回避者一起重复这个情感循环；或者和新的伴侣重复新一轮循环

爱恋回避者
1. 无法在关系中说"不"
2. 引诱爱恋成瘾者进入关系
3. 最终感到被吞没，于是转而用愤怒或厌恶拒绝对方，或者批评对方
4. 用厌恶或受害者的感觉筑起层层高墙
5. 在关系之外找到能让他们生命力焕发的活动，过上自己的生活
6. 因为害怕被对方抛弃或出于内疚而回到关系之中，或重新开始一段新的亲密关系

图 6-2　情感循环是如何相互作用的

爱恋成瘾者强烈的积极或消极情感

爱恋成瘾者感到爱恋回避者的引诱，这就是我们所说的强烈的积极情感。因为爱恋成瘾者的童年幻想被唤醒，为了维持这种高涨的情感（"嗨"了），爱恋成瘾者不断接近爱恋回避者。然而，当对方逃离或拒绝时，强烈的积极情感就成了强烈的消极情感。当爱恋成瘾者又一次拒绝爱恋回避者，爱恋回避者开始追赶时，爱恋成瘾者再次感到强烈的积极情感。

爱恋回避者强烈的积极或消极情感

爱恋回避者在被追赶且爱恋成瘾者没有过分接近时，会感到充满掌控感和力量感，这就是我们所说的"强烈的积极情感"。当爱恋成瘾者转过身去，爱恋回避者那隐藏的被抛弃的恐惧就会触发，这种痛苦和惊慌，就是我们所说的"强烈的消极情感"。

当爱恋回避者挽回爱恋成瘾者，双方都会体验到令人心潮澎湃的积极情感。然而，随着关系持续，双方体验到强烈的积极情感的时间会越来越短，甚至会短到只剩下一瞬，之后，双方就会再次回到相互攻击的模式，产生强烈的消极情感。

文化认可的"真爱"表现

这种在强烈的积极和消极的情感之间摇摆的状况，在美国文化中，被认为是爱情的"正常"表现形式。然而，我认为，这种状况跟爱一点关系都没有。我认为美国文化中对"激情"与"爱情"的定义是不适当的。我们称为"激情"与"爱情"的其实是一种强烈情感。虽然"正常"意味着很多情侣都是这样，这样的成瘾关系很常见，但我不认为这是一种健康的状态。在共成瘾关系中，伴侣中的一方或双方总是处在一种对关系的幻觉中；他们把这种在强烈的积极或消极情感之中的状况，错认为是"激情"或"恋爱"。

到底谁是受害者

在共成瘾关系中，关系双方的幼稚表现让这个关系变得激烈、混乱且无法预测。对于这种状况，双方都应该承担同等责任。没有一方比另一方更健康，也不是一方比另一方更具攻击性。爱恋成瘾者也许看起来像一个无助的受害者，爱恋回避者看起来像一个冷漠无情的施害者；然而，他们都强烈地伤害了对方；没有一个人是无辜的。

让事情更复杂的是，我们都希望恋爱关系中的对方表现得更成熟，我们也都可能把自己的无理取闹、骄慢任性误认为是成熟冷静。我也经历过这样的误判，直到有一天，我终于突破自己的无知，看清伴侣身边那个幼稚的我。察觉到这一点，真的很不容易啊，虽然很震惊，但我认为，这是我康复的开始。

我们之前所描述的情感循环，是一种不成熟、毫无意义又充满痛苦的经历。幸运的是，我们可以把这种经历当作一种参照，让我们识别出更健康、更有意义的情感。

简述：健康的亲密关系

虽然我们一般认为，理想对象会弥补我们所欠缺的，让我们变得更完整，我们也相信伴侣可以向我们揭示生命的意义，然而，我们每一个人，都可以通过自爱、自我保护、自我觉察和自控来感受到自身的完满。

而且，我们每一个人都在寻找，而且最终都会找到我们自己的生命的意义。实现这一点，不是靠我们的伴侣。伴侣只能找到他们的意义，而不是我们的意义。我们的人生是自己的，而伴侣的人生是他们的。没有人能替我们回答生命的意义是什么。我们之所以能找到自己的意义，是因为这是我们自己的人生。我们不可能强迫自己去实现他人的意义，因为他人的意义和概念不适合我们自己。类似地，让其他人满足自己的人生意义和概念也是不可能的，因为我们的概念不适合其他人。

健康的关系并非基于强迫行为，也不会在积极或消极的强烈情感中成长。我相信，正如乔丹·保罗（Jordan Paul）博士和玛格利特·保罗（Margaret Paul）在《从冲突到关怀》一书中写过的，在健康的关系中，通过促进他人的情感和精神的成长，提升他人的责任感和自信，你可以滋养他人。㊀

当爱自己的时候，你就可以滋养自己，专注于自己的情绪和

㊀ 见 Dr. Jordan Paul and Margaret Paul, *From Conflict to Caring* (Minneapolis, MN: Compare, 1988)。

精神的成长，为自己负责，从而增强自信心。当关系中的一方向另一方寻求亲密或支持时，每个人都可以用健康的方式说"好"或者"不好"，不会有任何被贬低的感觉。当每个人在健康的关系中得到滋养时，自信都会勃发。

康复之路

我经历过也观察过痛苦的共成瘾进程，在这其中，我发现了一些有效的方法终止共成瘾进程，并且让自己恢复健康。在本书的后半部分，我们会一起探索这些工具。我们也会看看健康关系的特点，这样，当你在爱恋成瘾中康复时，你就可以参考这些健康关系的特点，来为你未来的关系设立合理的目标。

第二部分

治疗过程

第 7 章
如何处理你的共成瘾关系

通过我的个人经历和我的临床经验，我知道，人们可以从共成瘾关系中康复。如果关系双方都参与到治疗过程中来，那就能取得最佳效果；就算只有一方参与，另一方也能从中获益。而且，我认为参与的人将能更舒服地处在这个关系之中，或者能够脱离这个关系。这个治疗方法对爱恋成瘾者尤其有效。

治疗效果是显而易见的

有一阵子，我在举办爱恋成瘾相关的研讨会时，我自己也处在爱恋成瘾的情感循环中。这段时间真的很难，但我还是坚持进行治疗。一天晚上，我在研讨会上发言时，一个认识我的女性听众对我说："皮亚，你看起来真的好多了！"因为她的称赞，我开始意识到，当我控制好情感循环、度过了戒断反应期后，我的生活好了很多。从我的个人经验上看，情感循环中的人是有康复的希望的。

当然，治疗和康复的过程艰难且令人痛苦，但我也相信，大多数受够了这种自我挫败的生活方式的人可以做一切努力去康复。我们都深陷过情感循环的痛苦，抑或为了脱离情感循环，我们避开亲密关系，却陷入孤独的痛苦中。相较之下，我们也许更容易面对从情感循环中康复的痛苦，因为这痛苦伴随着希望。我们下决心面对自己，因为我们不再否认成瘾的事实，自觉地康复，最终我们会进入治愈痛苦的过程。这就正如我常常说的："拥抱你的恶魔，不然，它们就会从背后咬你一口。"

康复阶段

要怎么才能脱离受成瘾驱动的关系，进入更健康的关系形态？我认为，我们需要通过以下 4 个步骤进行。我会在第二部分的其余章节探讨这些步骤。

1. 处理一切在共成瘾关系之外的成瘾行为（酒瘾、进食障碍等）。
2. 中止关系成瘾的过程（接下来会详细说明）。
3. 如果需要的话，接受心理治疗，处理你的童年创伤。一些人可以在成年时悟出共成瘾问题和童年时期被抛弃或被纠缠的感受有关。然而根据我的经验，大多数成年人都需要事先治疗他们童年时未解决的伤痛，然后才能从共依赖中恢复。
4. 处理潜在的共依赖症状。

多数人在采取了这些步骤之后，就做好再次进入关系的准备了。如果你为了康复而暂时中止了你的关系（但不必终结关系），在采取了上述 4 个步骤之后，你可能已经准备好再次进入你的关系了。你也可能会因为伴侣的离开、关系破裂而被迫进入康复过程。在这些情况下，为了能最大限度地建立健康的依恋关系，我建议你暂时不要展开新的关系，直到你完成了上面的步骤。

如果你之前的关系破裂，一段时间（或根本）没有新的关系出现，那么，你又能够抵抗住以拯救者面目出现的爱恋回避者，或者一个无助又依赖你的爱恋成瘾者的吸引力（无论你是哪种角色），这就意味着你已经康复了。有时候，比起再次进入一段共成瘾关系，保持独身可能是更好的选择。如果你不是为了回避问题，而是因为康复中有意识地选择独身，那么独身就是一种健康的选择。然而，健康的选择意味着你能够创造新的方法去满足你的身体和情感需求以及亲密关系的需要。我们会在之后的章节一步步梳理这些步骤，我也会列举一些方法，帮你识别出能让你保持健康关系的人。

另外，如果你已经在共依赖中康复，你也许能够吸引更健康的人，或者发现你被更健康的人所吸引。被你吸引来的、更健康的人也许更有可能给你贴心而稳定的温暖。

察觉"瘾"

在共成瘾关系中，至少有 3 项甚至有 4 项成瘾症状会出现：

1. 爱恋成瘾者的爱恋成瘾
2. 对爱恋回避者的瘾
3. 共成瘾关系本身
4. 爱恋成瘾者的其他成瘾行为，用来缓解爱恋成瘾的痛苦

我们在上文中，已经对共成瘾关系做出定义：一种恶性的、在两个相互依赖的成瘾者之间强烈的积极和消极情感的不断交换；这是每个人都无法忍受，但又无法逃离的体验。在这种意义上，共成瘾关系就像是一种成瘾症状。

发觉成瘾症状说起来容易，做起来很难。发觉成瘾症状的方法都是一样的：面对你的成瘾症状；检视成瘾问题带来的恶果；停止成瘾的循环；经历戒断反应。

（1）面对你的成瘾症状

对于爱恋成瘾者来说，承认自己已经成瘾是不愉快的，因为随之而来会有失落和痛苦。成瘾行为的后果就可能变得特别有吸引力：

高昂的情绪、强烈的感受、现实痛苦的纾解。爱恋成瘾特别能增强与某人的联结感，虽然是痛苦的，但在短时间内有效。要脱瘾，你就需要学会面对现实。

1）爱恋成瘾和共成瘾关系

很多咨询师都认为，如果你无法识别成瘾症状，就无法脱瘾。类似地，只要爱恋成瘾者无法识别自己或关系中的成瘾模式，那么，他们就无法康复。如果你否认自己是个成瘾者，那么，就没有人能帮助你，直到你面对现实：你是一个成瘾者。这通常意味着，只有痛苦足够强烈，才能真的面对现实。

2）继发成瘾

在情感循环中，爱恋成瘾者会感到极端痛苦，也许会用其他成瘾（例如性成瘾、酒精成瘾、药物成瘾、看电视成瘾、工作成瘾、宗教成瘾、进食障碍）来缓解自己的痛苦。他们通常需要识别爱恋成瘾之外的瘾，这些瘾通常是用来粉饰痛苦的爱恋成瘾的。

3）爱恋回避者的瘾

在脱离共成瘾关系前，爱恋回避者也需要面对自己的瘾。除非爱恋回避者能摆脱他们在关系之外的瘾，否则，爱恋回避者很难（甚至不可能）走出共成瘾关系。

正在成瘾的人很难建立一段成熟健康的人际关系，通常他们只能建立不良的人际关系。

正在成瘾的人离开爱恋成瘾者之后，也许会进入和非成瘾者的关系，但这段关系依然很可能是不健康的，即使对方并不是爱恋成瘾者或爱恋回避者。在我看来，如果成瘾者要进入一段健康的关系，最好是在成瘾和共依赖康复后，再谨慎地选择一个非成瘾者作为伴侣。

我们无论是爱恋成瘾者还是爱恋回避者，都需要面对自己的瘾。

我认为，所有成瘾行为（无论是酒瘾还是药瘾）的根源都是未治疗的共依赖症：无法面对痛苦的现实，让我们用各种各样的上瘾来医治痛苦。另外，我也认为，治疗共依赖的核心症状能帮助成瘾者恢复内在的平静。如果爱恋成瘾者的共依赖症状没有充分康复，成瘾者还未能足够平静地面对现实生活，他们的爱恋成瘾症状是不可能得到承认和治疗的。

我也相信，爱恋成瘾者多少能意识到他们太不成熟以至于无法照顾自己，只能依赖他人的事实。当爱恋成瘾者从共依赖的前四个症状中恢复时，他们就有足够的能力去面对爱恋成瘾。共依赖的康复，特别是自我照顾、自我养育的能力的恢复，为爱恋成瘾者打下了稳定的基础，让爱恋成瘾者日后承认爱恋成瘾时，能够忍受，而且愿意进入爱恋成瘾停止后的戒断反应。

所以，爱恋成瘾者必须从识别自己其他的成瘾行为开始，并体验到戒断反应，而且在进一步面对爱恋成瘾及其戒断反应之前，开始共依赖的康复。

（2）检视成瘾问题带来的恶果

当检视每种瘾带来的恶果时，我们会开始感受到痛苦，但这种痛苦能鼓励我们，让我们停止成瘾性行为、忍受戒断反应、学会用健康的方式面对痛苦的现实状况，这样，我们成瘾的恶果才会慢慢减少。

（3）停止成瘾的循环

面对以往会激发成瘾进程的情境时，你要主动停止成瘾进程，而且要甘愿待在戒断反应中，直到戒断反应结束。你要避免再次产生成瘾体验。例如，你需要停止追逐那些不想和你在一起的人，不再和不对的人做爱，不再喝酒，不再暴食，不再过度工作。你需要摆脱你的成瘾行为。

（4）经历戒断反应

当一个上瘾的人停止使用使他上瘾的物质或者停止成瘾行为时，他会进入戒断反应。戒断反应意味着，你已经不再接触曾经使你上瘾的物质，也不再进行你的成瘾行为。戒断反应是人脱离成瘾性物质时产生的一系列令人不舒服的症状。当你再次接触成瘾性物质或重复成瘾行为时，戒断反应就会消失。例如，如果你对糖成瘾，当你不再吃糖时，戒断反应造成的头疼就会加剧。然而，如果你吃一些巧克力糖果或者冰激凌，你的头疼就会消失，这样，你就能确认你在经历戒断反应了。

因此，戒断反应让我们重复上瘾。戒断反应的症状可能发生在身体上、智力上、情绪上，甚至在精神上。在爱恋成瘾中的戒断反应通常出现在情绪上，而戒酒者的戒断反应则更多出现在身体上以及情绪上。

要度过这段痛苦的时期，我们需要足够的支持和鼓励。通常，这些支持和鼓励能在十二步骤戒瘾会中找到。爱恋成瘾者和性成瘾者也可以到性和爱恋成瘾匿名会中（Sex and Love Addicts Anonymous，SLAA）。戒酒者亲属匿名会（Al-Anon），这是一个帮助戒酒者的亲戚和朋友的十二步骤小组，也能够为爱恋成瘾者提供足够的支持。这是因为戒酒者通常都是爱恋成瘾者，参加者能够相互支持着摆脱那些为了脱离关系而沉迷于饮酒的人。戒酒者则可以去戒酒者匿名会（Alcoholics Anonymous，AA）。有进食问题（无论是厌食、暴食还是成瘾性进食）的人，则可以去食瘾者匿名会（Overeaters Anonymous，OA）。戒瘾者借助戒瘾小组，可以得到足够的鼓励继续戒瘾。

还有一种我们也许需要的支持是心理治疗。向心理咨询师寻求帮助的人，需要寻找一个了解各种成瘾导致的戒断反应的咨询师。

有时我们也需要向药物求助。一些酒精和其他物质成瘾者处在戒断反应中时，需要药物来保障生命安全。人们在爱恋成瘾的戒断反应中时（这些症状会在第 9 章描述）也许也需要药物。爱恋成瘾者的戒断反应并不简单，强烈的痛苦和忧郁通常以一种伤害自己的欲望表现出来，有时甚至是一种自杀、杀人或自杀式杀人的欲望。报纸上经常会报道这种成瘾带来的死亡。这样的情况下,有些人也需要抗抑郁药的支持。

治疗成瘾,需要成瘾者接纳成瘾,面对成瘾带来的恶果,进入戒断反应,并最终戒断。当在戒断反应中,清醒或能够稳定下来后,你就能进入下一个康复阶段。

第 8 章

停一停，检视你的人际关系

婚姻咨询师通常能帮助夫妻改善亲密关系。然而，当婚姻变得像共成瘾关系时，我认为，当夫妻双方都从共依赖中康复后，再进行传统的婚姻咨询比较好。

共成瘾关系中最大的问题之一，是他们尚未治疗的共依赖令双方都不够成熟，无法建立一段健康的关系。自信心不足以及个人边界的问题都会让伴侣们很难处理来自对方的负面评价，或者难以在双方在场时与婚姻咨询师一起加深对自我的认识和反思。个人来访者在独自进行这种自我反思的时候已经很难受了；当伴侣在场观看时，来访者会感觉更有威胁。在这种情况下，为了能从共依赖和爱恋成瘾中康复，我建议双方都要与伴侣保持恰当距离。

然而，有些夫妻在进入婚姻咨询时共成瘾还没到非常严重的地步。如果双方都相对成熟，也有从成瘾中康复的能力，那么这对夫妻也许能进入婚姻咨询并且取得良好的成果，与此同时，双方也都能意识到他们各自需从共依赖中康复。

接下来我要介绍中止关系的方法。这个方法针对的是那些已经非常恶劣的关系，也就是说，双方无法在不暴怒或不混乱的情况下说出"当你这样说、这样做的时候，我感到非常生气"。那些关系不那么恶劣的夫妻在各自从共依赖中康复时，也需要用中止关系的方法保持距离。然而，对于那些已经非常恶劣的关系，我必须清楚说明，这样的分离（如果可能的话，可以在保留关系的前提下）是必需的，而且这种分离对于提高治疗效率极为有效。

关系双方各自从共依赖中康复一些后，可以开始一起解决一些共依赖的问题。例如一方说"当你这样做时，我会有这样的感觉"，他们其实就在练习分享情感上真实状况（分享亲密）；这时，他们是在努力解决共依赖中的第三个核心症状：体会自身的想法和感受并且合理地分享给其他人。

要多久才能康复

我发现，从治疗成瘾、童年创伤开始，再进入共依赖和关系的康复，总共的康复期有 3 ～ 5 年。但这并不意味着你要中止关系 3 ～ 5 年。在康复初期，你需要中止关系最多 6 个月；之后，你可能会再花 3 ～ 6 个月重新进入关系，因为在你认真治疗成瘾和共依赖的核心症状之后，你需要用这些时间在关系中建立足够的舒适感。当然，每个人需要的时间都不一样。除此之外，在这 3 ～ 5 年的康复期中，关系双方都需要努力治疗共依赖的症状。在治疗期间，即使婚姻双方没有一起进行治疗，婚姻中的很多重要功能也依然维持着。

暂停当前成瘾的关系

你在面临很多成瘾症状并刚刚开始治疗共依赖时，通常最好的做法是不要修补你的关系。我建议你暂时脱离你的关系，直到你感觉自己从成瘾和共依赖中康复了。

然而，总是会有一些爱恋成瘾的伴侣没办法照顾自己，不能忍受在关系中止（甚至关系还没有中止）时的戒断症状。在这种情况下，双方必须要忍耐，直到成瘾症状好转。

尽管爱恋回避的伴侣因为对关系之外的事物上瘾，多数时候并没有投入在关系中，然而，当他们投入在关系中时，通常都是在情况最激烈的时候，要不就是充满激情的时候，要不就是在充满争吵和暴力的时候。康复中的爱恋回避者应该对这个激烈的部分保持警惕。尽管这种保持距离好像在关系中制造了更多的抛弃，但这是暂时必要的做法，能让爱恋成瘾者有足够时间痊愈，这样，他们才能在日后维持一段健康的关系。

终止关系成瘾的过程和终止任何其他成瘾过程都是一样的：面对成瘾的事实，承担成瘾的恶果，然后终止成瘾性循环，并进入戒断期。

很多人可能会觉得自己需要咨询师的帮助来中止关系。我也发现很多爱恋成瘾者在共成瘾关系进入戒断期时不能独立、有效地中止关系，但有些人也能独立做到。

如何中止关系

中止关系并不意味着分居或离婚，但对有的伴侣来说，保持物理上的距离是必要的。中止关系也不意味着彼此不再联络。这只是意味着在关系中减少可能会导致激烈争吵和痛苦情感的接触，或者避免在彼此之间解决共成瘾关系中的问题。如果可能的话，关系双方也要尽量减少甚至避免情感互动、批评彼此和解决重大问题。如果有些重大问题的讨论不能避免（例如，要不要把小孩送去私立学校，要不要给女儿付钱做牙套），那么，就需要通过第三方（例如，咨询师）在场协调。

如何避免亲密，每个人都不同

当两个人彼此都拥有健康的人际边界，能够平静地接受自己和别人本来的样子时，才会有亲密感（分享和接受自己和别人真实的想法和感受）。健康的人际边界让你能够在听到他人的真实感受和想法时保持平静。亲密感也包括能够在不冒犯对方的情况下拒绝对方。亲密感是身体上的、情感上的和精神上的。

有的人不能在上述所有方面接受或分享彼此真实的样子且不冒犯对方。例如，有的伴侣可以分享身体的亲密感，但不能接受彼此的情感需求不同。有的人和伴侣接受或分享上述任何真实样子时都会陷入争吵或痛苦。如果有人发现他和伴侣在接受和分享彼此真实面貌时有困难，他们可以寻求咨询师的帮助，探讨什么能够分享、什么不能分享，免得彼此总在激发强烈的感受，无法终止成瘾进程。咨询师可以帮助伴侣厘清可以分享的范围，并且通过定期的咨询，让伴侣们借助咨询师的帮助分享和接受彼此真实的样子。

保持关系中止

脱离关系中相互成瘾的部分，意味着伴侣双方不再引发任何强烈感受，彼此以礼相待，继续各自的生活。小心谨慎地在"允许的范围"内保持与伴侣的关系，但不要产生任何范围之外的亲密接触。如果你发现与他人分享和接受彼此身体上、情感上和精神上的真实的样子都超出许可范围，那你就只保持着表面的礼貌，同时保持着距离。

如果你的伴侣主动挑衅，你不要直接回应他，甚至不要说"我们不是说好了要保持距离的吗"这种话。此时，你需要继续保持着礼貌，但不要说任何话，注意呼吸。如果必要的话，你需要克制自己，不要跟对方讨论任何令人不快的事。

我发现，以下的规则可以帮助伴侣彼此保持距离：

1. 实践戒酒家庭互助会的三个建议：别总盯着他、别干涉他、过你自己的生活。
2. 不要用愤怒或者诱惑去"轰炸"你的伴侣（后文将详细说明）。
3. 注意看他做了什么、说了什么，看到伴侣本来的样子。
4. 注意看你自己想到什么、感觉到什么，关注你自己。
5. 不要回应伴侣的愤怒或者诱惑的"轰炸"。这不意味着不再和对方做爱，而是避免用做爱来操控或引诱彼此，也避免愤怒和争吵。

戒酒家庭互助会的三个建议

"别总盯着他" 的意思是说，不要总是紧紧地盯着伴侣做或没做什么。他做没做什么跟你无关。你只要"注意到"他做没做什么就可以了，这样你可以看到他本来的样子，破除自己对他的幻想。"别总盯着他"还意味着，不管他做没做什么，你都不要回应他：不对他表达你的想法和感受，不对他提意见，不给他解决方案，不要求他改变，诸如此类。如果你不能不回应，那我会建议你尽量不要注意他。

"别干涉他" 的意思是说，不要干涉，甚至不要观察、不要评估他的生活。不要给他积极的建议或者消极的评价，不要帮他避免麻烦，也不要给他制造麻烦。你看到的他的行为都跟你无关。

"过你自己的生活" 其实是任何人从共成瘾关系之中康复的必经之路。对爱恋成瘾者来讲，这意味着学会照顾自己，承担自己作为成年人的责任，不要再试图让别人来照顾你，学会如何衡量自己的价值，如何设定自己的边界，如何接受自己本来的样子。

用"轰炸"来拉近距离

当你有效中止了关系后，这段关系不再给你强烈的感受了，特别是跟过去相比，简直是一片死寂。你感到这段关系似乎荡然无存，皆因你在之前的关系中，唯一能感受到的，就是激烈的情感。

因为关系双方都习惯了接连不断的冲突，当这段关系进入沉寂时，关系中的每个人都会觉得很不舒服。而且，由于双方都不知道怎样进行健康且亲密的接触，疏离带来的不适感尤为明显。爱恋成瘾者通常是最先感到不舒服的那个人，因为他们没有像往常一样，强迫爱恋回避者回头"爱"他们。随后，爱恋回避者也会感到不适，因为他们逐渐感受到被抛弃的恐惧。当关系中的任何一方对这种疏离感到不适时，他们会忍不住做些什么来重新建立像过去那样激烈、亲密，但并不总是愉快的关系。我把这种行为叫作"轰炸"。无论是争吵式的"轰炸"，还是引诱式的"轰炸"，目的都是拉近距离，尽管这种距离过近的关系是有害的。

对爱恋成瘾者

一旦关系安静下来，你几乎马上就会感受到被抛弃的恐惧，你可能会马上忍不住要"轰炸"伴侣，重新拉近跟伴侣的距离。你可能有两种方式去"轰炸"你的伴侣。一种是"愤怒轰炸"，你会用争吵或愤怒，让你的爱恋回避者伴侣重新跟你产生情感上的联结，因为对你来说，愤怒比沉默要好受多了。另一种是"诱惑轰炸"，分为两种，一种是表现出无助脆弱的样子，另一种是性感地撩拨对方。

作为爱恋成瘾者，如果想脱离关系，你就要停止"轰炸"对方。你需要学会忍受平静。因为在成熟的关系中，沉默总是会存在的。成熟关系的存在基础不是强烈的情感，而是真诚和安全感。通过参加十二步骤戒瘾会或者向戒瘾导师寻求帮助，你可以投入到一种真诚、亲密的关系中，开始发现"轰炸"之外保持联结的办法。

关系中的平静一开始会让爱恋回避者感到一丝轻松，但过不了多久，他们的被抛弃恐惧还是会浮现，让他们忍不住"轰炸"伴侣。你作为爱恋成瘾者，要做好准备。无论你面对的是"愤怒轰炸"还是"诱惑轰炸"，最好的回应方法，就是不要回应。不要说话，注意看对方是怎样试着通过激怒你或者引诱你来靠近你的。

对爱恋回避者

对于爱恋回避者而言，比起沉溺在关系之外的"瘾"，主动疏离关系，会让你觉得解脱甚至快乐。然而，不久之后，戒断症状就会带来痛苦。

与此同时，如果你的爱恋成瘾者伴侣还没有进入康复，你的疏离可能会让他觉得被抛弃了，他会想通过愤怒威胁或者顺从引诱等"轰炸"手法抓住这段关系。就算是进入康复的爱恋成瘾者，在疏离的一开始也很难不采取类似手段增强双方的情感联结。如果爱恋成瘾者试图"轰炸"你，你需要避免回应，避免让情况升级。我觉得最好的办法还是不要说话，保持冷静。你需要避免回应这些"轰炸"，保持疏离和平静，提醒自己，健康的关系是可以容纳沉默的。

最终，作为爱恋回避者，你的被抛弃恐惧或负罪感会让你也想"轰炸"对方。你可能也会很想进行"愤怒轰炸"或"诱惑轰炸"（用魅力征服对方或像救世主一样把对方从困难中解救出来）。这一次，角色转变了：爱恋成瘾者可能会表现得更平静，学会了不激怒或引诱你，表现得更像一个爱恋回避者。

"轰炸"的方式

在保持距离、中止关系之前，如果双方可以各自列出所有之前使用过的"轰炸"方式，会相当有帮助。我建议伴侣双方各自跟咨询师承诺，尽最大努力克制自己的"轰炸"行为。

爱恋成瘾者进行"愤怒轰炸"的方式有：故意刮花对方的新车、"忘了"回家的时间、刷爆信用卡等。这些行为都是为了让伴侣生气，在吵架中与自己（爱恋成瘾者）重新产生联结。对爱恋成瘾者而言，沉默比争吵要可怕多了。

爱恋成瘾者"诱惑轰炸"伴侣时的其中一种常见方法是表现出无助、孩子气，让伴侣感到必须要照顾他们。另一种"诱惑轰炸"是色诱或者利用各种性爱技巧，在卧室中创造激烈的情感。

爱恋回避者进行"愤怒轰炸"的方式可能是，威胁要离家出走，变得非常苛刻，用语言来攻击伴侣。他们的目标都是惹怒伴侣，迫使对方跟自己（爱恋回避者）争吵并产生联系。

爱恋回避者常见的"诱惑轰炸"包括，承诺将伴侣从困难中拯救出来，邀请伴侣参加一场浪漫的旅行。爱恋回避者也会使用其他种类的"诱惑轰炸"，例如热情地承诺自己将会永远爱伴侣或者引诱爱恋成瘾者和自己发生性关系，因为爱恋成瘾者总是分不清性和爱（爱恋成瘾者总是认为，如果对方和自己发生性关系，就意味着对方爱着自己）。

如果你极度想"轰炸"，你可以做什么

当有一种想"轰炸"对方的冲动时，无论是想要用"愤怒轰炸"，还是"诱惑轰炸"，你都要先闭上嘴，冷静下来。如果你完全没法克制自己，那就暂时离开那里。爱恋成瘾者需要察觉，当不回

应对方的"轰炸"时，发生了什么。这种自我克制和察觉做起来非常难。当自我克制的时候，你也可以参考下文的指导原则。

当年，我的导师珍妮特·赫莉（Janet Hurley）帮我度过了这段危机时期。下面这个列表根据她给我的指导修改而成。如果你遵守这些原则，你就有更大的概率脱离成瘾关系，避免"轰炸"伴侣，或回应伴侣的"轰炸"，从而让自己保持在戒断过程中，从共依赖和关系成瘾中康复㊀。

1. 闭上嘴，呼吸。
2. 什么都不做，心中重复鼓励自己中止关系的句子，例如：

"我的伴侣是怎样的人与我无关。"

"我的伴侣可以用他自己的方式在这个世界上生活。"

"我的任务是观察眼前发生的事，看到他本来的样子，而且用成熟的态度回应他。"

"我的任务是照顾好自己，这样我才能用安全的方式对待我的伴侣，并且投入我们的关系中。"

"我的任务是不要伤害、不要惩罚、不要攻击、不要以牙还牙、不要争吵、不要说谎。"

3. 避免再次进入关系成瘾的循环。例如，你当下可能很想打电话跟朋友抱怨你的伴侣有多可怕；但这次，你要用另一种方法去应对：冷静下来，沉思，不断进行自我肯定，即

"我在任何时候对伴侣都有美好的祝愿"。

㊀ 你能在珍妮特·赫莉的 6 卷录音带系列"康复与关系"（Recovery and Relationships）中找到这些指引。

如果这句话让你觉得很假,那么请记住,肯定自己对伴侣的善意很重要。如果还是不行,那么你至少可以这样说:"我在任何时候都对他人怀有美好的祝愿。"你可以想出一个对你来说更真诚可信的句子,肯定你对他人的善意。

后来我加上了这样一句话:"尽管我对他怀有美好的祝愿,但我有权不喜欢他的做法和他带来的麻烦。"当我在心里这样说了之后,我就不那么想继续用以往有害的方式回应他了。

不久之后,你也许会找到更好的方法回应伴侣的行为,学会控制自己对日常生活事件的反应。你越练习,越让自己成为生活的中心,越能为自己的生活采取更多的行动,就越不用跟以前一样用有害的方式回应你伴侣说的话和做的事,越能保持冷静专注、举止成熟。虽然你的伴侣以前可能很害怕被你的需求和依赖吞没,但最终,你会成为对你的伴侣更"安全"的人。

4. 把和颜悦色(pleasantness)当作一面墙。当你和伴侣疏远,保持关系中止时,我非常建议你跟伴侣保持礼貌,不再要求对方为你而改变或者听从你的建议,而是冷静地观察到底发生了什么。

礼貌:无论发生什么,你都应该对伴侣保持礼貌,把对方当作你最好的朋友。不要用愤怒去回应他,但是要注意观察当下发生了什么,保持成年人那样互相尊重的状态,表现你的礼貌和善意,而不是愤怒、烦躁或悲苦,更不要表现出那种讽刺、居高临下的"礼貌"态度。

观察:无论发生了什么,都要把和颜悦色当成一堵墙,阻挡一切来自对方且让你感到不安的语言和行动。与此同时,密切留意面

前发生的一切，因为你对伴侣有不切实际的幻想，你需要很主动地观察伴侣本来的样子，仔细聆听对方到底想要表达什么。

和颜悦色之墙不是破坏性的，它和愤怒或沉默不一样，破坏性的墙会让你不再看到你的伴侣本来的样子，而和颜悦色之墙意味着你很平静，但非常仔细地观察着面前发生的事情。虽然你不太说话，但你说的每一句都能让伴侣感到，你听见了他，你关注他，你重视、爱他。从而，爱恋回避者不再害怕被吞没、被控制，爱恋成瘾者也能暂时摆脱被抛弃的恐惧。

和颜悦色之墙也能拉住你，让你不至于因为习惯而冲动地"撞向"你的伴侣。这堵墙也阻止你虐待伴侣。当你站在和颜悦色之墙后面时，你就从过往攻击伴侣的状态转到了一个相对冷静礼貌的状态。

当你气急败坏地站在这堵和颜悦色之墙后面，大概会觉得自己有点虚伪，因为你其实特别想给伴侣一点颜色看看。我建议你把这个过程看作脱瘾治疗的一部分。和颜悦色之墙并不是与他人建立长期健康关系的办法，但这种办法在你的康复期间是很有必要的，而且暂时有效。

通常来讲，当你使用和颜悦色之墙的时候，你的伴侣也会报以和颜悦色。这种时候，你通常会觉得，你更喜欢你的伴侣了。你越使用和颜悦色之墙，虚伪的感觉就会慢慢退去，你就会慢慢觉得这样的态度是合理的。很多时候，和颜悦色之墙会转变成一种真诚的、愉悦的体验。你越是保持理性和和蔼，你的伴侣就会感到越安全，就越能够在关系中展现自己真实的想法和感受。

有什么可以帮你度过戒断期

　　下一章将会介绍更多对爱恋成瘾者有用的工具，因为比起爱恋回避者，爱恋成瘾者在这段关系的中止阶段会更痛苦。爱恋回避者的成瘾物不是他们的伴侣，而是关系之外的事物，所以，当他们与爱恋成瘾者疏远时，不会有那么强烈的情感扰动。爱恋回避者可以直接开始阅读第 10 章，看看怎样从共成瘾当中康复，当然，如果他们阅读第 9 章，看看爱恋成瘾者是怎样挣扎着康复的，也许会有帮助。

第 9 章

戒掉爱恋成瘾

若共依赖的症状还未减轻或童年被抛弃的经历还没有在成年后的心理治疗中被处理好,那么你可能还没为戒掉爱恋成瘾做好准备。若确实尚未准备好,那么你可以随遇而安,不必着急。

若伴侣离你而去,你必然将面对痛苦的戒断反应。若是这样,好好在自己的身上做一番治疗的功课,可为未来走进另外一段更令人满意的关系(或恢复与父母和子女的关系)打下基础。如果在与伴侣分离前,你先在共依赖上做一些康复的功课,且将童年被抛弃经历的"毒"排掉,那么戒断爱恋成瘾,便会容易许多。

如果你在认真地考虑彻底戒掉爱恋成瘾，本章的内容会给你一个大概的思路。若觉得自己未准备好，你可以利用以下信息对未来有个计划。

直面爱恋成瘾过程的日志记录

与其他成瘾行为一样，以下几个步骤会引发戒断：从否认自己的成瘾问题到承认其存在，再到反思其所带来的后果，最后主动去打破这个成瘾循环。我总结了一些针对每一个步骤的日志记录练习，在接下来的第 14、15 和 16 章会具体介绍日志记录的内容。下面是对每一个话题的内容与目的的概述。

承认你已上瘾

在第一个练习中，列出每一个与你有成瘾关系的人。从你能想起的第一个人开始，而这个人很可能是你的父母、哥哥姐姐或你的第一个男（女）朋友，又或你的第一位心理咨询师。你可以把此时需要退出的关系列在这份名单的结尾。需要注意的是，这个人可能是你浪漫的性伴侣（配偶或情人），也可能是其他人，比如你的孩子或父母。针对名单中每一个人，回答以下问题：①在这段关系中，爱恋成瘾的三个症状是以何种方式表现出来的；②作为爱恋成瘾者，你的情感循环是如何往复进行的。具体请参见图 3-1。

直面你的症状

从名单中的第一个人开始,描述你是如何将大量的时间与精力放在他身上,并赋予他一个主宰者的形象的。然后描述一下你是如何不切实际地期待从他那里获得无条件的积极关注的,最后描述这个人是如何由于自己成瘾行为,抛弃了这段关系,辜负了你的期待的。以此类推,直到完成这份名单。

在书写的过程中,你也许会开始接纳这样一个事实,即其实你是可以给自己这种无条件的积极关注的,无论他人是否处于这段成瘾的关系中,他们都无法真正做到这一点,因为他们也只是人。这个练习将引导你认清很少有人(如果确实有的话)可以持续给予你无条件的积极关注。

最后可以写一写,当与某人进入一段成瘾关系中时,你是如何不再关心爱护自己的。

在情感循环中找到你自己

这一系列的书写反思能帮助你看出自己是如何被他人吸引的,在童年的幻想被触发时,你是如何感到亢奋愉悦,而无法看清这个人的真面目的。如第3章的循环图所示,以下问题会带你一一回顾爱恋成瘾者的情感循环:你是如何慢慢认清现实的?你的感受有多么糟糕?他是如何抛弃这段关系的?你计划如何挽回?你实际上为了挽回做了什么?然后发生了什么?这个循环在一段新关系或与同一个人的关系中是如何重复的。你还可以回顾是什么触发了这些强烈的积极或消极情感。

这个过程会帮助你进入从成瘾康复的第一阶段：不再否认。"我确实做了这些。而且做了很多次。嘿，我确实有这些症状！"

开始悲伤

意识到没有人能给予你无条件的关爱，会让人陷入悲伤中，这如果发生在你身上，请不要惊讶。这就好像疼痛的人失去了止痛剂，酒鬼没有了酒一样。你的酒是你对来自他人无条件积极关注的渴望。当你意识到，任何人都无法给你持续的无条件积极关注时，就好像酒鬼意识到从长远看，酒精并不会让生活更好一样。写下这些会让你抛弃自己的扭曲思维，而这实际上会带领你走上康复的道路。

回顾有害的后果

治疗爱恋成瘾的下一步是，回顾因其引发的一切有害后果。

一些开始直面自己生活的爱恋成瘾者，告诉过我爱恋成瘾曾为他们带来过哪些严重后果。这也许能帮助你反思自己生活中类似的情形。

- 为了你所迷恋的人而抛弃自己的孩子。有爱恋成瘾问题的父母可能会强迫性地痴迷于一位爱恋回避者，因而不愿意花时间陪自己的孩子。那个他们所迷恋的人成为生活中的优先事项，相对于为人父母，爱恋成瘾者更乐意迷恋于这段关系中。
- 有多段短暂的亲密关系以及婚姻。

- 每天都会有情绪的起起落落——鲜能平和且舒服地与自己相处。
- 因迷恋的对象而与成年子女关系冷淡。
- 因为对父母一方过于迷恋,而无法与他人建立浪漫关系且从没走入婚姻。
- 从未接受过专业的心理治疗帮助,或由于过于迷恋咨询师,而在咨询关系中被情感虐待。
- 所迷恋的对象是自己的孩子,而无法进入一段亲密的浪漫关系。
- 由于殴打你配偶的出轨对象而险些被逮捕。
- 由于过于迷恋一个有家暴倾向的人,而将自己或自己的孩子置于危险当中。
- 迷恋一个有乱伦行为的性成瘾者,即使明知如此,依然会在这段关系中,目睹你的孩子成为乱伦的受害者。

回顾你是如何参与到循环中的每一步的

书写记录的方式会引导你思考,我们在第 3 章讲过爱恋成瘾循环中的不同阶段。你可以把自己是如何走过这些阶段的写下来,看一看你现在正处于哪一个阶段。

幻想、情感高度愉悦、痛苦的缓解

这一部分的书写提纲将回顾那份最初的吸引,即童年时所发展出来的爱慕与被拯救的幻想是如何被激发出来的,愉悦的情感体验是如何缓解依赖症的痛苦的;我们在第 3 章对这些都做过详细介绍。

值得注意的是，在幻想阶段，你与现实是脱节的。这个书写记录的过程会让你仔细地审视那个在你眼中穿着闪亮盔甲来拯救你的骑士或救你于水火中的女超人，你会发现他（她）远不如你当时想象的那样完美。将他（她）当作一个来拯救你的人本身就是幻想。

写下在成瘾中，你所处的阶段和你在爱恋成瘾中已经挣扎了多久，是很有帮助的。这样的分析会帮你更细致地探索爱恋成瘾带给你的苦果。

挣脱循环：干预与戒瘾

你所写下来的信息会为你指明从爱恋成瘾中康复的道路。如第8章所讲，此时你要把自己从关系中成瘾的那部分里拉出来。

此时一些爱恋成瘾者可能会由于戒瘾过程中体验到的强烈痛苦、恐惧和愤怒，而有伤害自己的冲动，精神科医生开的一些抗抑郁药会对他们有所帮助。强烈的恐惧会引发惊恐障碍，高度的愤怒会诱发谋杀的想法。对于那些同时对酒精或药物成瘾的人来说，他们需要那些不是很影响精神状态的药物。这样的药物恰好能让爱恋成瘾者从强烈的情感体验中解脱出来，进入到康复过程中。服用抗抑郁药物是暂时的，常常在三个月左右。

解"曾被抛弃的"毒

作为一位爱恋成瘾者，在经历这段戒瘾，反反复复地感受痛苦、恐惧、愤怒和空虚时，我建议你可以找一位心理咨询师教授你如何去发现自己童年被抛弃的创伤。（我个人坚定地认为，发生在童年的虐待都是被抛弃的创伤。）咨询师能帮助你记录某些相关的细节，引导你诉说曾经发生的事情，从而接纳并释放童年被抛弃所带来的情绪。

当下的"墙"

接下来，你需要仔细反思一下自己是如何被爱恋回避者所回避的，想一想，你的配偶是如何躲在"墙"后的。此时的你可能会有强烈的悲伤感，这不仅是因为你最初的抚养者抛弃或虐待了你，也由于当下的伴侣正在回避着你。完成以上治疗工作会花上六个月到一年的时间，而爱恋成瘾者在这段时间中可能会感到非常孤独。

我曾在这一阶段挣扎，觉得那是人生最黑暗的时刻；但在旁人看来，我身上其实出现了不少积极的变化。他人会从外表上有所察觉：他们告诉我，我的表情变得更柔和且放松了，声音听起来也少了些愤怒。这些都让我意识到，严重的抛弃与虐待所带来的破坏性对我们的影响是多么的大啊！

处理共依赖的核心症状

此时作为一名爱恋成瘾者的你，需要去处理共依赖的第四个核心症状：难于满足自己的需求和愿望。你可以列一个大纲，写下自己那些未被满足的需求。你可以回顾一下这些需求，如性需求、财务需求、食物需求和身体被抚摸的需求等，你可以列几个出来。

在康复过程中，你可以开始主动地以一种健康且积极的方式满足自己的需求。也许你需要找一个财务规划师。你也可以在性方面做出一些新的尝试，或者在抚摸身体的需求上做些什么。你还可以关注一下自己意识到的其他成瘾问题，如饮食成瘾或消费成瘾。你的每一个需求，以及你满足它们的方式都是相互影响的。

从爱恋成瘾中康复的经历带给我的痛苦是其他康复经历所不能比的，但直面这种成瘾也是我做过的最奇妙的事情。痛苦从不是敌人，对体验痛苦的恐惧才是。我鼓励你开始疗愈自己，因为以我的经验和信念来看，这是你可以承受的。尽管如此，这份痛苦需要你亲身经历，而你要学会的是，如何忍耐这份痛苦。

第 10 章

治疗共依赖的症状

正如我们所看到的,共依赖的核心症状在于我们与自己的不良关系,这带来的痛苦驱使我们进入一个又一个成瘾过程。处理每一个核心症状,可以帮助我们提高内心的舒适度。这将显著地减轻造成成瘾的内驱力和共依赖的次要症状(详见第 1 章)。

共依赖的康复包括两个步骤:处理主要和次要症状;治疗其背后的症结所在。童年被虐待的经历是症状的成因,而这种具有毒性的经历会让人自童年起便长期处于精神压力中。为了能排掉这种压力的"毒",你需要回到记忆中,看一看那时发生了什么,分别探索一下作为孩子的你与此时的你对那段经历的感受。之后,你还需要回顾那些创伤经历为你成年后的生活带来了什么苦果。

在你开始共依赖的康复之旅时,分清你是在处理共依赖的某个症状,还是在治疗童年由虐待带来的毒性反应是很重要的。这两个步骤是需要被分开的。

治疗症结

治疗由创伤经历所引发的毒性反应,涉及以下几个方面:理解什么是虐待,写下你自己被虐待的经历,以及经历心理上"排毒"的过程。这个过程常常需要在一位治疗师的引导和支持下或在团体治疗中完成。治疗师要引导来访者做两件事:①诉说童年经历所带来的感受——以当下成年人的视角回顾那段经历和当时作为孩子的感受;②陈述并纠正成年的共依赖者表现出的任何幼稚的、带有"毒"性的、孩童化的思维和行为。

在表达对童年被虐待经历的感受时,我们可以说,"这确实发生在我身上。如今作为一个成年人,我是以成年人的视角去感受的。而那时的我有的是孩子的感受"。我们需要的是,将自己孩童的那部分感受中的有毒能量排掉。正如上面这句简单的话所讲的那样,如果愿意去再次体验过去与当下的情绪,我们才能将"毒"从古老的创伤中排出。然后,我们会进入一个悲伤的过程,悼念所失去的童年。

如果你有咨询师、（匿名自助会的）导师或信得过的朋友将你幼稚的孩童化思维指出来，你将会大受裨益。在被指出多次后，我们才能慢慢注意到自己幼稚的思维，且通过非自我贬低性的言语将其更正，从而发现面对问题时更为成熟且切合实际的思维方式。从爱恋成瘾者那里，我听到过一些常见的幼稚的孩童化思维，包括"有一天，终会有一个人把父母没有给我的，都给我""生活应该更公平些"以及"我受够了"。

对主要与次要症状的治疗

在面对主要症状时，我们大多数人需要一些指导和帮助。我们需要学习或重新学习如何珍惜自己（自我尊重），发展出边界感，认清我们是谁并恰当地分享给他人，独立地照顾好自己的需求和愿望，以及适度地表达情绪。

虽然在主要症状得到处理之前，次要症状很难得到缓解，但在主要症状有所减轻后，次要症状是能够出现大幅好转的。我们开始能不再心怀怨恨地控制他人；抛开怨恨去处理不公，熄灭曾经的怒火，体会到两不相欠的感觉；我们变成一个更有灵性的人，无论我们如何来定义灵性；我们也不再倾向于利用成瘾、身体或心理疾病来逃避现实；我们还能够与他人建立亲密关系。

共依赖的治疗也是有终点的，因为这不是一个没有尽头的过程。这一过程一般会持续3～5年，而大多数人会发现持续参加十二步骤自助会，能帮助我们不再走到共依赖的老路上。

从共依赖中康复的几个阶段

在这一系列的康复过程中，人们会经历从童年心结到成年后的症状的不同的阶段的康复。如果在这几个阶段中的你，还算可以正常生活的话，我强烈建议你不要回到上一段或进入新一段关系。下面是这几个阶段的简要介绍。

（1）拒绝接受

童年："我小时候没有被虐待。"

成年："我不是一个共依赖患者。"

（2）责怪施害者

童年："我承认我被虐待过，但那都是我父母的错。如果他们还这样，我也好不了。"

成年："我有共依赖的症状，但要是我的配偶还这样，我也不会有好转。我现在这样，都是你（配偶）的错。如果我没有和你在一起，我也不会有这些共依赖症状的。如果我和一个更健康的人在一起，我也不会是现在这个样子。"

虽他人不该为我们无法康复而负责，但我们依然需要直面在我们身上发生的事情，并且认清那些做出伤害行为的人所要负的责任。

（3）责任

童年："我明白我的主要照料者应对发生在我身上的事情负责，同时对这些事情，我也有自己的感受。"（当我们能够说出这样的话时，共依赖的康复便开始了。）

成年："我对自己的共依赖症状和康复负责。"

在这个阶段，只有少数人已经做好了重新进入亲密关系的准备。

（4）幸存

在这个阶段，你可以考虑进入一段亲密关系了。

童年："在对过去的事情放手后，我对那些发生于童年的虐待已经释怀了。"（你此时已经可以对亲密关系有所期待，并从伴侣那里获得支持了。）

成年：我开始体会到一种力量感，并不愿再伤害自己。我可以开始正常的生活，重获对生活的控制感。"

在到达第四个阶段后，你已经知道要如何照顾自己，且不过于依赖你的伴侣了。无论是爱恋成瘾者还是爱恋回避者，现在你都可以重新进入一段关系了。

（5）整合

在这个阶段，与童年困扰和成年症状相关的表现是类似的："我明白了过去发生的事情塑造了现在的我。我心怀感恩，因为同时我也发现那些由虐待所带来的问题，为我打开了一条精神之路，给予了我具有深度的人格与智慧。"

从共成瘾关系中康复的五个过程

从共成瘾关系中康复，同样存在五个过程。康复从第一个过程开始，直至第五个结束，但过程中可能出现反复。过早地重新进入一段关系是不明智的，但同时你又不希望康复过程花费太长的时间，而无法回去修复关系。所以这里将简要介绍，当我们找到一个合适且安全的时机，将康复重点放在关系上时，以下五个过程是什么样子的，并讨论何时可以重新进入一段关系。

（1）成长

这一过程涉及处理并减轻五种主要症状。包括学习如何拥有自尊、发展边界感和自我认知感，照顾好自己，以及适度地表达自己。

（2）直面现实

当你开始处理第三个主要症状，即难以接纳自我时，你便开始要直面现实了。直面现实意味着反思你是谁以及他人是谁。我不建议你在此时进入或重回到亲密关系中。在这个直面现实的阶段中，你可能需要看着你的伴侣说："让我离开吧。"也许在实事求是地认识了你的伴侣后，你的第一反应是赶快脱身，但是在为自己做了更多的康复工作（特别是提高心理成熟度，并增强边界感以及照顾自己的能力）后，你伴侣身上的缺点看起来可能就不那么严重了。

（3）悼念你所失去的

悼念你所失去的意味着，让自己去体会童年所失去的东西，以及这种心理疾病让你在成年后付出的代价。在你经历了足够的悼念后，你或许可以重新进入一段关系。

（4）学着重新养育你自己

当你开始处理第四个核心症状，即难以满足自己的需求和愿望时，这个过程便开始了。这一过程包括学习如何认可自己，养育自己，且不以羞辱自己的方式限制你自己。

（5）学着去原谅

原谅意味着彻底放弃惩罚曾虐待你的人的欲望。第五个过程同时包含着原谅自己为这种疾病所付出的代价，以及原谅你的抚养者的所作所为。有的虐待是十分严重的，除非受害者主动提出，否则原谅这个话题是不应被提及的。如果你是一个施害者，曾经虐待过其他人，我建议你从自我原谅开始，然后去寻求来自主宰者的原谅。请求受害者的原谅可能要等到他本人提出。宗教提倡尽早请求受害者的原谅，但在处理严重虐待的时候，施害者为了让自己好过一些而这样做，可能会让受害者的处境恶化。

修正爱恋成瘾者的扭曲思维

爱恋成瘾者在处理第三个症状，即难以接纳自己的时候，需要直面自己的几种扭曲的态度与信念。爱恋成瘾者需要主要改造的一个态度是，总是期待着从他人身上得到温暖的关怀和照顾。虽然这种期待对一个孩子来说是合理的，但对成年人来说是不现实的。随着戒瘾康复的进展，你会调整自己的思维，逐渐接受这样一个事实：在某些时候，你会很幸运地得到来自某人温暖的关怀。当你的伴侣希望你成为真正的自己时，你最容易体会到温暖的关怀。你的价值体系与伴侣的价值体系自然而然地有所契合，这是另一个这样的时刻，因为你的伴侣会觉得很舒服，而你也不会感到沮丧。从爱恋成瘾中完全康复后，你就不会再为了得到别人的认可或温暖，去重新塑造或粉饰自己的现实了。

爱恋成瘾者需要接受的第一点是，别人完全可能不喜欢你的选择、想法或感觉。在康复过程中，你要明白的是，当你的存在或做事的方式与他人的价值体系或他人希望你成为的样子有冲突时，你便很可能得不到他人的关怀。无论你在生活中做出了怎样一个健康的决定，若你的决定损害了他人的利益或让旁人感到不适时，他们也许会出于尊重接受你的决定，但心里不一定会开心。健康的边界感，会让你理解这一点，料到它的发生，这样你才会继续做你自己，且不再不切实际地期待对方会喜欢你的一切。

努力治愈共依赖的第一和第四个症状（难以体验到适当的自尊心和照顾自我），将极大地帮助你完成这一重大的思想转变。在康复过程里，可以持续提供温暖关怀的那个人是你自己。因为第一个核心症状——难以恰当地体会自尊，在一定程度上已经得到了治愈，你开始能够从内心产生温暖的自我关怀。你对自己的需求与愿望负起了越来越多的责任，这让你更加确信在未来自己的需求和愿望也会得到满足。即使不再得到他人的支持，你也能继续前进，做真实的自己。随着在提升自尊心和自我照顾上越做越好，你开始摆脱与伴侣的纠缠，学习践行健康的亲密关系。

例如，一位繁忙的妻子可能会选择告诉家人，她以后在洗衣服之前，将不会再花时间把脏衣服口袋里的东西掏出来，或者把衣服的正面翻出来。家人必须各自确认口袋是掏空的，否则口袋里的东西将会被一起洗。如果把衣服放进洗衣篮之前不确认衣服的正面是翻出的话，他们就该做好被洗净的衣服依然是里面外翻的准备。家人可能会理解她这样做的原因，甚至会承担起新的责任。然而他们也可能不会喜欢做这些额外的步骤，或在忘记检查口袋后，在口袋里发现洗皱的钱夹。虽然注意到了家人的抱怨，但妻子仍然可以对自己的决定泰然自若并保持对家人温暖的关怀。家人不喜欢她的决定并不意味着她做错了什么。她需要让自己不再那么忙，从而可以抽出时间做其他的家务，她是在为自己的需要负责。

这里再举一个例子：和他的母亲有爱恋成瘾关系的詹姆斯想去当老师。而他的母亲一心想让他当律师去赚很多钱。詹姆斯已经博士毕业，决定去一所很小的私立大学教书，而他母亲对此很不满意。詹姆斯有权利选择自己的职业，同时他也要接纳母亲对他的选择不满意的这个事实。价值体系的冲突或一个人的行为让另一个人不舒服，这些都是亲密关系中经常发生的事。詹姆斯并没有因为母亲不喜欢他的职业选择而做"错"什么。在康复过程中，詹姆斯为自己成为一名教师的愿望负责，并对自己的职业身份感到非常自在，而同时只要意识到，他的母亲不喜欢他的职业选择这个事实即可。

爱恋成瘾者在修正扭曲思维时，要注意的第二点是，不再把他人看成一个无比重要、全能且完美的存在——或者说是自己的主宰。所有的人都是以一种不完美的方式完美地存在着，所有人都有着同样的价值。当共依赖的第一个症状有所减轻后，人便能体会到恰当的自尊，这能极大地帮助爱恋成瘾者调整自己的视角。

爱恋成瘾者要注意的第三点是，不再总想着其他人会来照顾自己。我想再一次强调，对于一个孩子来说，这么想是再正常不过的，但成年人有责任明白自己的需要和愿望要由自己来满足。共依赖第四个症状的减轻，意味着树立一种健康的照顾自我的理念。

修正爱恋回避者的扭曲思维

在爱恋回避者开始处理第三个核心症状时，他们需要调整一些不恰当的态度，尤其是那些与亲密关系有关的错误观念。因为他们从小就经历过情感上的性虐待（公开或隐蔽的），所以爱恋回避者知道，亲密关系意味着他们将会被迫与他人纠缠在一起，而在这个过程中，他们的边界感会被破坏，他们会丧失自我。健康的亲密关系就是与他人分享自己，并接纳他人的现实[⊖]。每个人完好的边界感，会防止纠缠或其他形式虐待的发生。处理好第二个和第三个核心症状（难以设置边界和难以拥有自己的现实），对帮助爱恋回避者理顺这种对亲密关系不准确的认知是非常重要的。

爱恋回避者不愿意分享关于自己的想法、感受、需求和愿望的细节，因为他们害怕对方会利用这些信息来操纵或控制自己，迫使自己去照顾对方。许多爱恋回避者已经在一个甚至几个方面脱离了与内在现实的联系，不知道自己对很多事的感受和想法。当爱恋回避者的第三个症状（即无法了解自己的现实）得到减轻后，他们会发现自己更容易看清内在现实了。一旦接触到自己真实的想法和感受，康复后的爱恋回避者可以学习如何与他人分享自己的现实。此外，有了健康的边界感后，他们会更有把握地分享这些信息，聊天时良好的边界感也可以防止他们分享的信息被他人利用，达到控制或操纵的目的。

此外，在爱恋回避者发展出健康的边界之后，他们会发现，接纳别人的现实并不是对自己的毒害。康复中的爱恋回避者可能会对这些信息产生共鸣，也可以选择屏蔽这些信息，不再进一步认真考虑，而只意识到对方有这样的现实即可。有了健康的边界感后，康复者就不会被对方的现实压得喘不过气来，也不会被对方的现实所控制，从而避免触发自己非理性的恐惧或强迫性的想法了。（然而，当面对"重犯"时，健康的边界感通常不能提供足够的保护，因此

⊖ 此处和下文的现实是指：内心真实的想法与感受。——译者注

使用"心理围墙"就变得更合适。参见《依赖症,再见!》。)

若伴侣还是一个尚未治愈的爱恋成瘾者,这种康复与改变是很难发生的。爱恋成瘾者会尝试不断地与伴侣纠缠不清,也可能用私人信息来操纵与控制对方。所以在爱恋回避者发展亲密关系时,爱恋成瘾伴侣本身就是问题的一部分。

爱恋回避者一个扭曲的思维是,照顾伴侣是他们的本职工作,如果爱恋回避者没有将其做好,对方将对这段关系失去兴趣。在健康的关系中,照顾另一个成年人并不应是伴侣的工作,每个人都应为照顾好自己负责。

此外当爱恋回避者被仰慕的时候,自己要注意调整好心态,被当成一个万能的、全能的和完美的人是不合适的。

许多爱恋回避者认为,他们可以轻松安全地控制一个有许多需求的、依赖性强的人。这个想法需要被纠正过来,因为实际上一个需求多且依赖性强的人反而是不安全的。这样的人会把伴侣的能量耗尽,希望伴侣像父母一样照顾他,满足自己所有的需求。因此,被这样一个人所吸引或与这样的人保持亲密关系,是很危险的。关键是要认识到,在一段关系中,一个人要利用的是自己的边界感,而非他人的软弱和控制这个人的潜在可能,来为自己制造安全感。

爱恋成瘾者同样需要被纠正的一个信念是,将脆弱的一面表现出来会贬损一个人的价值,因此爱恋回避者的价值高于爱恋成瘾者。用人的自然特性来给别人贴上低价值感的标签,是共依赖症状的一部分。第一个核心症状的减轻——体验恰当水平的自尊——会让一个康复中的爱恋回避者慢慢意识到,从人的内在价值来说,谁也不比谁更重要。

学会接纳他人的价值体系

在我的五个共依赖症状有所减轻前——学会自尊,建立自己的边界感,看到自己是谁,照顾好自己,且以适度的方式做好以上这些——我是很难忍受我和丈夫之间价值观的冲突的。我想改变他的价值观,因为毕竟有一个为人处世符合我价值观的伴侣会让自己很舒服。

我丈夫在爱尔兰天主教的文化环境中长大,而我生长于德国新教家庭。他的一部分价值观与我的很不相同,而我又很难接受他那一套观念。当然,他看到我以德国新教的方式做事时,他也觉得我挺奇怪的。所以这又如何呢?这只意味着我们有不同的价值观而已。

价值观告诉我们,世界应该怎么运行和我们应该怎样行事。当我们的行为超出了价值观的范围或打破了内心的规则时,我们会觉得内疚。当配偶要求我们做这些事时,必然会引发彼此的冲突。若遵从伴侣的要求我们会觉得内疚,若拒绝则会带来关系的裂痕。

一个例子是,双方会就是否堕胎发生价值观层面的冲突。另一个例子是,一方觉得可以靠信贷生活,另一方觉得在消费上要量力而为。一个人可能觉得昂贵的化妆品对人是有帮助的,会让人占一些优势，而另一个人觉得在这上面浪费钱是不可思议的。另一个价值观冲突困扰了许多情侣很久：一方觉得不守时是不负责任的表现；另一方可能会觉得这没什么大不了的，且常常迟到。

当一个人拥有了一套描述这个世界应如何运行，指导自己如何行事的价值观后，在看到别人做了违反自己价值观的事时，他常常会变得刻薄，将别人看作一个坏人或不如自己的人。带着批判的眼光来评断他人，是在以共依赖的方式行事。在康复过程中，特别是关系的治疗中，认识到配偶的价值体系且不再尝试对其进行改变是很重要的，当然这个的前提是关系本身是不具有虐待性质的。我们需要允许配偶在他自己的价值体系中行事，而与此同时，我们也可以以自己的价值观行事。价值观常常不是用来协商的，也是很难改变的，特别是在金钱、性、堕胎等生活中重要的议题上。

然而，某些价值观的巨大差异可能会让关系无法继续。比如说爱恋成瘾者萨莉，嫁给了柯克。在婚姻早期，柯克的价值观并没有显现出来，因为萨莉脑子里满是对柯克的幻想，把脑中浪漫英雄的价值观都安到了柯克身上。在康复过程中，萨莉发现柯克的价值观在几个重要的方面都让她难以接受。例如，他可能是一个小偷，一个强奸犯或者一个躲在窗帘后的家暴者。

类似的情形也可能发生在柯克身上。作为一位爱恋成瘾者的萨莉，为了在关系初期讨柯克的喜欢，她会竭力隐藏自己身上与柯克不同的价值观。随着康复的进行，萨莉开始越来越诚实地表露自己的价值观，而柯克则发现这与他自己的价值观相冲突。因为柯克只有在他自己的价值体系中行事才觉得舒服，而萨莉也是如此，所以这令双方并没有什么妥协的余地。和解意味着一方要在自己的价值观上做出转变，这是很难的。

然而，戒瘾康复需要调整价值观。一名性成瘾者看重性，一名酗酒者非常看重酒精，而一名消费成瘾者则崇尚借钱度日等。人对成瘾物的看重程度是可以被调整的，这样才能抑制对此物的强迫行为与思维，以达成康复。所以若两人都在成瘾康复的过程中，在判定伴侣对成瘾物的价值观与自己的价值观，是不可调和还是可以兼容之前，不妨等一等再说。

这种对双方价值观的调整和对彼此新价值观的接纳，是共依赖康复的另一个重要主题，也是治疗核心症状和体验心智成熟的两个重要前提。

第 11 章

开始或重新回到一段关系中

我认为亲密关系的主要目的是,通过亲密在两人之间建立联结,这样双方都能从对方那里获得支持,以减轻生活的负担并增添乐趣。为了保持一段健康的关系,我们所需要的心理成熟度表现为——合适的自尊感,建立边界感的能力,良好的自我感,照顾好自己的能力,并以温和的方式(在恰当的时间以恰当的方式)向伴侣分享我们的所思所想。换句话说,从共依赖中康复是获得心理成熟以及增进健康亲密关系的前提。

治疗的下一个阶段便是重新进入一段关系。在这一过程中,我们会请求伴侣为我们带来亲密与情感支持。这两个请求都需要以直接和清晰的语言告诉对方，同时也要对伴侣的亲密和情感支持请求予以回应。

对亲密的请求

亲密意味着分享且不加评判地看待现实。我们可以以三种方式分享自己的现实：身体、想法和情感的。

在身体层面上的分享

通过身体，我们可以以两种方式参与到亲密中：一般身体接触和含有性意味的接触。

身体上的亲密包括各种表达爱意与关心且不会引发性唤起的身体接触，其目的在于为自己和伴侣提供安慰。例如，牵手、拥抱、睡觉时在被单下碰着对方的脚，在拥抱时给予或接受在背部或脖子上摩挲。

你可以直接表达对身体亲密的请求，比如："可以抱抱我吗？你能拉着我的手吗？"

请求不应该是"我可以抱抱你吗"，而应是"你可以抱抱我吗"。这个请求的重点是，希望你的伴侣以拥抱的方式来主动与你亲密。一个正在康复中的人知道并已经发展出了自己的边界感，并且能通过运用外在的边界感来与伴侣协商，从而得到亲密感。

性亲密包括在性层面上分享自己的身体，其目的在于创造性唤起的体验。你可以这样表达对性亲密的请求："今晚你愿意和我发生关系吗？"

分享你的想法

思想上的亲密是，向你的伴侣分享自己的想法或倾听你伴侣的想法。其中重要的一个方面是，要知道并说清楚你所分享的内容是你自己的想法，而并不一定是事情本来的样子。

要提出思想上亲密关系的请求，你可以说："我需要和你谈谈这个事情，你愿意和我谈谈吗？"或者你也可以这样措辞请求："你愿意早上七点和我一起吃早餐吗？这样我们就可以聊聊要怎么装修厨房了。"或者你还可以说："我一直希望我们和孩子之间有更多的私人空间。你愿意和我聊聊这个吗？"

分享你的情感

情感上的亲密关系是指在别人表达情感时，你可以透露自己的情感或倾听别人的情感。通常情况下，思想和情感的亲密关系是相辅相成的。当我们透露自己的想法时，与之相关的情感也会被人所知。你可以用这样的方式来表达对情感亲密关系的请求——"我想说说对刚刚发生的事情的一些感受，你愿意听吗"或者"你愿意说说你对刚刚发生的事情的感受吗"。

请求支持

请求支持，意味着要求伴侣帮助你满足某种需要或愿望。要做到这一点，你可以直接说："我想今晚去看这部电影。你愿意和我一起去吗？"对身体需求支持的请求可以是："你愿意来看一下我的手指，把这根木刺弄下来吗？"其他对身体需求支持的请求可能包括请人帮你挠背，给你按摩脖子，或者帮你包扎一个自己够不着的小伤口。

情感上支持的请求可能会是："你愿意和我一起去看我儿子的毕业典礼吗？我希望在前夫和他的家人面前，你能给我些情感上的支持。"一个需要对方付出时间、精力且给予指导的请求可能是："对于我遇到的这个生意问题，你愿意给我一些建议吗？"或者是："你愿意和我一起去买东西吗？我想让你看看这套衣服怎么样，我好决定买不买。"

提出请求时要遵守的一些准则

在一段共成瘾的关系中，你会试图用某种行为模式与对方建立关系，但这些行为模式并不会奏效。这些行为模式会强迫你的伴侣满足你的需求，与你产生亲密感。现在已经开始进入康复期的你，开始提出具体的要求——这其实并不是为了让对方满足你的需求，而是让对方知道你的需求是什么——同时给对方留下空间，让他选择是否来回应你的需求。下一步就是学习在提出请求后具体该怎么做了。

以下是我的朋友和导师珍妮特告诉我的一些准则，这帮助我学会以健康的方式行事，抛弃我曾采取的具有操纵和控制性的行为模式。所以我把这些准则和我对它们的解读一起分享给你，当你被诱惑回到旧的行为模式时，这些准则会对你有所帮助的。

（1）在关系中"出现"

这段关系之前一直处于被搁置状态中。而如今你们重新进入这段关系，花更多时间与彼此在一起。你需要重点关注自己在关系中做了什么，而不再把你个人的治疗与康复当作唯一重要的事。

例如，若一对夫妇已做出了分居的决定，"出现"可能意味着重新住在一起。如果他们继续住在同一个房子里，"出现"可能代表着经常一起出去吃饭。

（2）关注

积极地去聆听伴侣和你说了哪些自己生活中的事。

（3）坦诚相待

在治疗的这个阶段，你要严格要求自己坦诚相待。这并不意味着敞开心扉，因为知无不言往往会对关系造成危害，而对一些事情闭口不谈对你是有利的。虽然你的伴侣不需要知道你全部的事情，但你选择分享的事情中是没有谎言的。在治疗过程中，你可以和咨询师讨论一下，哪些事情是需要保密的。当你的伴侣询问你不想提供的信息，而你也不想撒谎时，你只需说："我不想谈这个。"这句话本身也是一种实话实说。

（4）说出你的需要和愿望

要尽量明确地提出对亲密关系和情感支持的请求。让你的伴侣知道你需要什么或想要什么，以及你希望他能做些什么来帮助你满足需求与愿望。

（5）放下对结果的执念

当你向伴侣提出请求时，要放弃对答案的执念。提出请求的意义在于确定你的需求和愿望，并请求从你的伴侣那里得到这些东西。你可以锻炼自己直接提出你想要什么，而不需要用隐蔽迂回的方法来达到目的，因为这其实很难被人理解，往往也会造成误解。无论伴侣如何回应你的请求，你的态度都应该是："原来他是这样回应我的，这难道不是很有意思吗？"

明确地拒绝了你提出的要求，不一定是对你这个人的拒绝，也可能是表明对方不愿意在这个时候做你所要求的事情。了解这之间的区别是从关系中康复的必要条件。

我知道这很难，但它可以让你的注意力从控制或操纵你的伴侣给你想要的东西中脱离出来。仅仅是提出一个简单的要求然后做出后退的姿态，都需要很大的勇气。

（6）如果伴侣说了"不"，要学会庆祝

当你提出对亲密或支持的请求，而对方的回答是"不"时，你要学会知足,甚至心怀感激。随着内心愈发成熟,你会变得能够接受你的伴侣有时为了照顾他自己,而不得不对你说"不"。即使没有如愿以偿,你也可以学着不把这当作对你个人的拒绝,而应庆幸你的伴侣能够照顾好他自己。如果你能做到这一点,你也可以好好庆祝一下了,因为现在你已经把自己照顾得很好了。正处于依赖症的恢复期的你,解决了第四个主要症状,并学会了相对独立地照顾自己的需求与愿望。你还可以向生活中其他人寻求帮助和支持并建立亲密关系,这样一来,你便不会再对你的伴侣那么依赖了。

(7)注意一下你得到了什么

与其紧盯着你的要求是否被满足,或因伴侣的回答没有令你满意,而一次又一次地闹矛盾,不如盘点一下你的要求具体是什么,而你曾经得到了多少个"不",多少个"好"的回答。

不断地回顾这份清单可以帮助你回答以下问题:"我怎么知道自己是否要继续留在这段关系中呢?"通过盘点自己是否得到了足够的"好",而确定这段关系是否令人满意。是否继续一段关系是你一个人的选择,你怎么选择都不关其他人的事。在当今的社会,很多关系的意义在于彼此的支持,而不只是为了生计。在一段没有被支持的关系里,或许不是一种明智的选择;但对那些有过严重的被抛弃经历的人来说则不一定。有些爱恋成瘾者有过严重的被虐待的经历,所以和一个心理功能不健全的伴侣在一起可能比独处要让人好受得多。只有在关系中出现家暴、性虐待或言语虐待时,尤其是家里有孩子的话,我才会反对继续留在这段关系中。

如果我有朋友在一段关系中丝毫没有感到被支持，或者咨询师在帮助这样的人时，我们不应去鼓励他们离开这段关系，或者我们会忍不住说："你和这样一个人相处，本身就说明你有什么很不对劲的地方。只要是明眼人都会离开他的。"但这么说其实是不合适的。他需要什么样的生活不关我们的事。如果他离开了这段关系，开始独处，我们并不知道他的生活会不会变得更糟，因为至少曾经还有人在家里陪他。

在开始依赖症的康复之旅前，试着盘点"是"和"好"的回答的益处并不大。当你能更好地满足自己的需求和愿望，并且觉得这是自己的责任时，你对伴侣的要求便会下降，而伴侣"不"的回答也不会那么困扰你了。

在依赖症康复前，你会踏入的一个陷阱是倾向关注"不"，而忽略了那些"好"的回答。我们有时甚至会忽略后者的存在。我们的伴侣会注意到这一点，因为他们一眼便看出我们因此得出了许多错误的结论。我们会说"你从不夸我"或"你从来没有和我一起做过我喜欢的事，你做的都是你想做的事"。但实际上你的伴侣说"好"的频率可能比你想象的频率要高得多。

例如，一个人让伴侣有意识地多夸夸他。几天后，当伴侣开始夸他时，他反而容易有抵触心理。假如说，杰德告诉他的室友肯特，他很喜欢肯特布置客厅里家具的方式。肯特虽然听到了夸奖，但心里想的是："杰德只是说说而已，这都是因为我主动让他夸我。其实客厅的布置显然还需要再调整，现在还不太行。"继而肯特在心里便对夸奖产生了抵触。而杰德只是按照肯特说的做而已：寻找他真心认可的东西，给出一个诚心的夸奖。然而肯特的思维方式却让他自己忽视了来自杰德的认可。

如果我们花时间钻这个牛角尖，甚至可能会把"好"当成"不"。曾经有一段时间周围的人都很支持照顾我，但那段时间即将结束时，我心里涌起一股非常难受的被抛弃的感觉。如果童年被抛弃的经历非常严重的话，我们便开始在生活的每一个角落努力地把它再翻出来。

一个把"好"看作"不"的例子也可能以如下这种方式发生。比如，萨拉和她的哥哥鲍勃在去丹佛旅行的路上，她告诉他希望能拜访一下他们的杰西姑姑。鲍勃和姑姑的关系一直比较僵，不过他乐意去，随便说了一句，他其实不是很情愿。萨拉一下子就发了脾气说："那索性不要去了？我本来也没想让你去。"萨拉没有接受鲍勃"好"的回答，没有接纳他不情愿的情绪，因而将一个"好"的回答当成了"不"。

回应你的伴侣对亲密与支持的请求

康复过程的另一面是学会评估，在何时以何种方式回应你伴侣的请求。有时你的伴侣提出请求后，你很难搞清楚该不该做出回应。我们究竟是以讨好还是先照顾好自己的心态回应呢？这个判定标准是什么？我们又怎么决定以何种方式回应是恰当的呢？我的准则是：

如果你不用牺牲什么，就说"好"；若你要付出的代价太大，则说"不"。

例如，你的伴侣想让你和他做爱，但你有点累了。为了进入状态，你要付出些努力。但维护好这段关系又很重要，所以你愿意在这上花些心思。只在你完全在状态时才做爱往往是行不通的，因为在亲密关系持续了一段时间后，等待双方都对性有兴趣，就基本等于不再有什么性生活的机会了。所以有时给予回应意味着要暂时牺牲你自己当时的愿望。

然而如果妥协到了伤害自己的程度，那你就应当学会拒绝。比如，你的伴侣可能要求和你做爱，但你正好肚子不舒服，觉得有些恶心。这时做爱可能会让你非常不舒服，所以此时拒绝是恰当的。在一些更微妙的情况中，这种觉察力通常需要一些努力和练习才能培养出来。

在关系中的一些准则

我和帕特在我们的关系中制定了一些很有帮助的准则，特别是在我们讨论事情或分享彼此的想法和情绪时。

（1）在争吵中不要一味指责

当你和伴侣就某一事情争吵时，不要只是指责对方的错误，而要尽量只陈述发生了什么，以及你就此有何感受。我发现这其实是需要很多修行的。

你要分享的是，在你看来到底发生了什么，同时要确保字里行间不带有贬低对方的意思。例如，"你当时就跟混迹于车库的小混混似的"这样说就暗含着贬低对方的意思，更恰当的表达应该是"昨天当你走近车库，提高嗓门说话时"。在这里你做的仅仅是描述发生了什么，而不要叫对方小混混。

（2）别记仇

当伴侣指出你不好的行为时，对方可能在上周也做过同样的事情，那你要尽量避免翻这个旧账。他上周做的事情和此时的讨论并没什么关系，你们俩的关注点在于你这周做的事情。

（3）不要就观点（或事实）争论

你需要理解，每个人都有自己的观点，而你要做的是去识别并且倾听伴侣的观点。如果我们能不带批判地去倾听眼前的这个人所说的话，且不试着改变他的现实，这是对对方最大的尊重。

比如，你和最好的朋友伊丽莎白在看一只乌龟。你说："这绿色真好看！"伊丽莎白说："没啊，这看起来更像蓝色。"一旦你意识到在她看来乌龟是蓝色的，便不要尝试让她说乌龟是绿色的。允许伊丽莎白拥有她的现实，会让她知道你是爱她的。你知道自己看到的是绿色就行，然后忘掉这件事就好了。这乍一看好像是你在撒谎；但在我开始尝试这样做之后，有许多次我都惊奇地意识到自己"看到了"蓝色,也明白了几乎在所有情况下,人都有不同的认知方式。这让我与持不同认知和意见的人相处起来舒服多了。

(4)面对冲突时,不要用抛弃威胁对方

在一方发现自己在冲突中无法获胜时,用抛弃来威胁伴侣是很常见的。如果你发现自己正和伴侣陷入一场争吵,而你的伴侣占了上风,试着不要说"我这就走,不会回来了"或者"也许我们本就不该在一起"。

如果发觉讨论正变得充满火药味,你也许可以妥协,让出一些余地,不必以抛弃相逼。你可以说"我需要冷静一下,两个小时后我会回来",然后遵守你的承诺,两小时后再回来。

(5)尽量在四句话内完成沟通

这是我从珍妮特那里学到的。在提出要求、请求或描述事情之前,想好了你要说什么,试着控制在四句话内,并且一口气说完。

此外,在这四句话里,也要避免一些交流的陷阱。

- 试着避免抱怨。
- 试着不要指责,即让一方是对的,另一方是错的。抱怨和指责会让你的伴侣很难将注意力放在你说话的内容上,即使你说得很有道理。
- 试着不要解释和辩解你做了什么,以及你为什么做了某些事。有时一个人为了挑战另一个人,而要求后者对他的行为

和选择做出解释。面对这种挑战，做出解释和辩解是没必要的。一个成年人不必向另一个成年人去解释自己。你开始为自己辩解时，听者常常不会认真地听，认为那只是长篇大论或借口而已。没有人喜欢被说教，而爱恋回避者常常对此特别敏感。

比如，在康复前，珍妮特会花上十分钟，在她的室友贝蒂回家前，让她为自己买一条面包。珍妮特会提到她的睡眠多么不好，并以头疼为理由解释为什么她不能去超市自己买。贝蒂通常不太明白珍妮特到底想要什么，所以没有把面包买回来；这会让珍妮特很失望并引发争吵。而如今珍妮特会说："贝蒂，你能在回来的路上为我买一条面包吗？"贝蒂会说："好的。"只需要说这些就够了。当然若情况有变化，或你临时要改变涉及另一个人的计划时，给出一个简要的解释属于基本的礼貌。

不要担心你的伴侣是否遵守了这些准则

这些准则需要由你来遵守。你的伴侣是否遵守它们并不关你的事。如果你能遵守它们，你体验到的变化会让你的生活更健康。

如果你的孩子们和你说："妈妈，爸爸是这样说你的。你是怎么想的？"你可以告诉孩子一些信息，同时不让爸爸看起来像犯了错。你可以说："我是这样看的。"通过仅从自己的角度做出解释，你避免了把错误归咎于他。同时，你坚持不和孩子讨论与他们无关的事情。紧扣主题，言简意赅即可。

如果对方责怪你，并说这是你的不对，你可以建立自己健康的内在边界感，并以礼貌和愉快的态度做出回复。站在观察者的角度，平静地对自己说："好，注意一下，我的伴侣在责备我。这其实是伴侣正在经历共依赖中第一个核心症状表现，让我看起来是错的，而他是对的。这还蛮有趣的。"你不必提及自己的观察，而仅仅注意到对方的行为。当你的伴侣结束后，你可以就点点头，表明自己听到了他所说的，然后继续做你在做的事情。这是一种健康的人际交往方式；以礼貌的态度回应之所以会对你的康复有帮助，是因为这样可以避免为你的伴侣提供惹恼你的弹药。

理性是康复的主要工具

在观察者的模式中，理性而非情绪会引导我们。康复过程是在大脑中发生的——我们通过思维为自己制造一场强烈的情感体验。

比如，你的第一个想法可能是，"我被这些指责所害，我确实错了，而她是对的"。随之而来的会是一场情感的风暴。当你能够理性地用逻辑思考，对自己内心发生的事情负责时，你才可以在很大程度上缓和或避免制造一场带有毒性的情感体验。直接进入观察者状态，默默地注意到，"我的伴侣在责怪我，这蛮有意思的"，这样可以帮助自己整理好易激动的心情，否则你将会与对方争吵，相互暗暗记下对方的错误等。

情绪在康复中的恰当定位

康复的过程需要理性，并不意味着你应该完全没有情绪。在康复中的人是能够恰当地获取、体验并表达成年人的成熟情绪的；康复中的人不会把情绪作为如何行事的主要依据；随着康复的进行，人所体会到的不健康且极端的情绪就不会像以前那样频繁和激烈。要想修复一段感情，一个好的方法是先照顾好自己激烈的情绪，然后带着对情绪和行为健康的掌控进入关系。如果一方常常将他的情绪发泄到另一方身上，那么这样的关系通常不会有好结果。

在关系中，主要通过理性与你的伴侣互动，试着不要对伴侣不恰当的行为做出过激的反应，如果你已经排掉了童年被虐待经历的毒，你可以划出强韧的内在边界感。那个装满了童年的情绪现实，随时都可能爆炸的火药桶已经不在了，特别是那些让你觉得自己没有价值，且常常惹你动怒的羞耻感也不在了。

正如我们所看到的，当下的事件会让共依赖者体会到不少激烈的情绪，而这些不属于成年人的且不成熟的情绪是有其源头的。例如，一个共依赖者可能很容易地捡起别人的情绪并把其背在肩头[一]。共依赖者很容易将在童年从父母那里捡起的情绪存起来，在成年后再投射到他人身上。此外，当下的事件激发出童年那些未被完全处理好的情绪时，共依赖者会迅速地陷入童年的人格状态。在童年人格状态中，我们觉得自己是渺小的、脆弱的，且常常带有防御性。

[一] 参见《依赖症，再见！》一书。

即使是在康复过程中,这些旧的情绪依然会在一定程度上继续涌现。而此时的不同在于,你可以在心智足够成熟的指导员或朋友面前诉说这些情绪,把它们从肩头卸下。这样你就不会因为这些来自童年的强烈情绪,在当下正在康复的关系中制造麻烦了。

我听许多身处康复期的人描述过,他们是如何赶在下班后自己的伴侣到家之前,给朋友打个电话,发泄一通对伴侣的怒火,从而把这把火气化解。然后在伴侣回家后,他们就可以以友善的语气说"嗨,你今天过得怎么样",从而让关系变得更令人愉悦。我建议处于康复期的人将他们残留的强烈情绪,在指导员或朋友面前排解出来,这样一来,无论他们的伴侣做了什么,他们都能够为自己建立起良好的边界感并进行理性的沟通。

有时候,即使是理性且心理健康的人也会把情绪倾倒到另一个人身上。提起这个只是想提醒你注意一下,在康复中不需要追求完美。重点在于相对地变得更健康些,对自己的控制感更强些,且无论你的伴侣是否在关系中负责任,你都可以变得更加具有责任感。

如果你没有可以重新回去的关系

作为一个爱恋成瘾者(或爱恋回避者),也许你目前是自己一个人,没有一段关系可回。那些与童年被抛弃或情感纠葛有关的陈旧情绪的毒,已经被你排净,你也已经从共依赖中康复,并且不再被成瘾问题困扰。你已经准备好进入第四段,即重新回到一段关系中,但现在你并没有在一起合适的伴侣。假如你的上一段共成瘾关系充满了浪漫的性，而你的上一个伴侣已经进入了一段新的关系中，或者你意识到他对你不够支持，无法与你组成一段健康的关系。你可能会因为各种原因而没有可以重新回去的关系了。

在这种情况下，你的下一步是去交一位朋友，发展一段友谊。如果有人对你有兴趣，主动与你交友，那通常事情会很容易。如果有这么一个人，你只要微笑并以恰当的方式接纳就好了。如果没有，那就找一个合适的人开始一段友谊——一段不含有性的社交经历。

交新朋友的标准

为了确保你从这段友情中有所受益，这位朋友必须没有深深地卷入到与另一个人的关系中，且必须能够与你建立一种恰当的、非竞争性的关系。同时，若对方同时在性格和性上都很吸引你，那就非常好了。如果你没法一下子在身边找到这样的人，那请花些时间寻找，这对你的康复是有益处的；在社交场合主动出击，积极寻找，这样你便会找到一个可以建立这种关系的人。

找到那个"完美的人"

社会推着我们去寻找一个外表吸引我们的人，开始一段亲密的性关系，然后再试着解决在智力和情绪亲密上出现的冲突。我认为我们应该学会如何将这个顺序反过来，先学会如何把对方当作普通人，享受与其相处，然后再进入带有性的亲密关系。然而，大多数人都觉得，在为一份感情付出前，应先找到的是一个符合外貌标准并对自己有性吸引力的人。通常来说，并没有很多人满足这个条件，少数符合条件的人也不一定对我们感兴趣，特别当我们自己的外貌条件不那么完美时。

如果可以与一个我们相处愉悦且舒服的人先建立一段友谊，即使对方看起来在外貌上并没有很大的吸引力也没关系，那些起初让我们略微失望的不完美的外貌，会变得不再那么令人反感，或者说外貌对性吸引力的影响就不那么大了。很多时候，健康的性吸引力是在其他方面的友谊出现后才发展出来的。

如果在一段时间后，发现任何人都提不起你的兴趣，那你也许应该反思一下，自己脑中是否有一个任何人都无法满足的标准。有的人会拿着显微镜检查候选伴侣的每一个细节，当然没人是能通过这种考察的，而他也因此不会进入任何一段亲密关系。如果你发现自己属于这种情况，那最好和你的咨询师聊聊，从而找到一种突破这种局限的思维方式。

保持无性

当你找到一个人时，即使他的外表对你有很大的吸引力且你们有可能发生性关系，我还是建议你在这段新的关系中，除了带有爱意的亲吻，在无性状态中保持一段时间。当我在课上这么讲时，很多人都笑了；但我依然觉得从关系一开始，就带着性欲与对方互动是不明智的。康复后期的你，在从一个不熟悉的视角试探着进入一段关系；你已经明白了在关系中哪些是不应该做的，而过早地进入性亲密恰恰是你所熟悉的。你对以健康的方式保持一段关系还没有很多经验，你需要尽量保持警惕，才能时时评估在你和对方之间正发生着什么。

一段性关系的开始会让人难以清晰地思考。性欲会阻碍那种更细腻的情感联结，会让人忽视伴侣在行为中透露出的重要线索。这也会让人难以注意到关系中其他方面发生的事，如两人在智力、情绪和其他形式的外表和行为上的匹配度。当然了，在两人之间一定会存在一些性的气息，但在你开始探索其他方面的亲密感时，对性应有所限制。

探索其他形式的亲密感

你可以练习在智力、情绪和身体这些方面向对方提出亲密的请求，同时练习回应来自对方的请求。可能因为对方无法或不愿意给予你回应，或来自对方的请求是令人为难或本身就是不合适的，你发现这段关系很难再继续下去了。如果确实是这样，离开这段关系，去开始下一段就好了。对于康复中的爱恋成瘾者，这也许是一个艰难的决定，但这同时也是在康复和提升自我价值感路上重要的一步。

去吸引健康的人，并被健康的人所吸引

无论你信不信，我们的社会中是有许多心理健康的人的。之所以还没有遇到他们，是因为我们曾沉浸在自己共成瘾关系的小世界里，而他们并不想与我们建立关系。他们将我们所创造的一切激烈的混乱都看在眼里，觉得要敬而远之。这是康复过程中令人心痛的发现之一。

另一个没有注意到那么多心理健康的人存在的原因是，我们曾经以爱恋成瘾者或爱恋回避者的视角在看这个世界，我们只会看到同类。心理健康的人在我们看来并没有什么吸引力。

康复旅程的下一步是，改变"是什么在吸引我"的标准。在共依赖康复中的你，心智已经愈发成熟，标准也已有所变化了。

同时随着康复的进行，我们可能会发现自己的朋友其实也病得不轻。避免评判他们是很重要的；你要知道在不久之前，我们和他们并没什么差别。而且你朋友的"病"并不怎么关你的事。我们要做的是判断与他们的友情是否会让自己付出什么代价，如果这会危害我们的康复，也许应该减少与他们的联系。

在变得更健康的过程中，我们会有所损失。我发现现在的自己很难与挣扎于严重共依赖中的人相处。

一段健康的关系

事实证明，我们童年时期的榜样无法完全告诉我们应如何开展一段关系。如今我们正从共成瘾关系的余波中康复，已准备好重振翅膀，开启旅程，寻找一段健康的关系。此时我们知道很多不要去做的事，但并不太了解具体要做什么。在本书的第三部分，我们将探索健康关系的特点。

○ 第三部分

一段健康的关系

第 12 章

一段健康关系的标志

曾经的你对一个人成瘾，在脱离这个人且开始从共依赖中康复后，你已经获得了自己不曾有的一份心理成熟度。这种新的心理成熟会让你的生活与以前大不同。总之，通过自爱、自我保护、自我认同、自我照顾和（对激烈情绪的）自我抑制，你正在改善与自己的关系。

你还能够改变与他人的关系。一段健康的关系会带来什么呢？对于一位爱恋成瘾者来说，这是一个重要的问题。我不得不从各处了解学习，这包括我的朋友兼导师珍妮特、帕特·梅洛蒂、我自己失败的经验和其他正在康复中的人。

一段健康关系的特点

在促进健康关系的过程中,无论是与伴侣、父母、心智不成熟的成年人、朋友还是导师,我都发现有九个特点是很重要的。接下来我们逐个详细地讨论一下。

(1)关系中的每一方都能以实事求是的态度看待对方

你不能轻视或否认你伴侣自身的现实,或对伴侣隐瞒你的现实。正如珍妮特所说,关系中的每一个人都要让自己显露出来,道出事实,提出请求,满足对方的需要和愿望,并放下对结果的执念。

每一方都要认识到,彼此都是不完美的,并学会不要抱有过高的期待。双方都要明白伴侣是会犯错的。当你的伴侣冒犯到了你,或侵犯了你的边界,你们彼此要能比较淡然地处理好这些矛盾。

我们都有冒犯到他人的时候。我们可能会在身体和性上,侵犯他人的外在边界,我们也可能在智力上、情绪上与精神上侵犯他人的内在边界;而最常常被侵犯到的是内在边界。例如,一个人要求另一个人万事都要完美,或带着讽刺与嘲弄冲着伴侣大喊大叫,辱骂或过度控制伴侣。比如说,要求女儿万事做到完美,相当于对女儿说她配不上自己,而这会让她觉得羞耻且自己什么都干不好。因为人无完人,所以要求他人万事做到完美是不合情理且带有虐待性质的行为。

在健康的关系中，如果彼此能不对伴侣大发雷霆或自我贬低，偶尔地侵犯对方的边界还是可以接受的，但这若成为家常便饭就无法容忍了。双方都知道保持自我认同和自我价值的底线在哪里，并主动地将其维护好。（这里所说的底线是指，你无法容忍的一件事或行为；在这件事或行为发生后，你会选择离开而不是继续留在这段关系中。）

（2）双方都对自我成长负有责任

为了双方的自我成长，要在共依赖的五个核心症状的康复上做好功课。双方都不应期待伴侣为你做以下这些事：

- 尤其在与伴侣发生冲突时，双方都要练习尊重。双方都不应要求伴侣会时时刻刻尊重对方。
- 特别是在与伴侣发生冲突时，双方都要对自己的边界和自我保护负责。
- 因为边界可以帮你过滤信息，你能够认真倾听到对方真正要表达的意思，所以双方都能成为好的倾听者。
- 双方都有责任以合适的方式辨认并分享自己身体、智力以及精神层面的现实。双方都不要求另一方来猜测自己的现实，或不允许你的伴侣来决定你的现实是什么。
- 双方都应辨认出彼此的需要和愿望，并且知道于何时、对谁、以怎样的合适的方式去透露自己的需要与愿望。虽然你可以独立地照顾好自己,但你仍然拥有来自他人的支持(比如,匿名自助会的导师、朋友,以及十二步骤小组和其他支持性小组的同伴);向你的伴侣提出给予你支持的请求,而他需要说"不"时,你可以向其他人求助。
- 双方都有责任学会适度地体验并表达自己的现实,双方都不要期待对方能忍耐以极端的方式表达现实。

(3)双方都有责任让自己处于成年人的自我状态

心理健康的人拥有成年人成熟的情绪,并能辨认这种情绪背后的思维。然而正如我们在第11章所看到的,处于康复中的共依赖者偶尔会在一定程度上体验到陈旧的孩童时期的情绪,并陷入孩童时期的自我状态。在一段健康的关系中,双方都有责任避免自己在孩童状态下做出什么不恰当的事,且有责任就当下发生的事情进行恰当的沟通,并找到一种回到成年人状态的方法,而在此过程中做到不要虐待他人。

康复中的人会发展出把自己拉回到成年人状态的能力,和你内心的小孩私下聊一聊或许会奏效。如果这一招不奏效,你可以向他人求助,如匿名自助会的导师、心智成熟的朋友或咨询师。

如果你的伴侣足够成熟,你也可以向他求助。如果你确实有这样的打算,你需要意识到其中的隐患。虽然可能是与你的伴侣有关的一件事让你陷入了孩童状态,但他并不是你童年创伤的始作俑者,而恰恰正是这些创伤记忆引发了这次复发(陷入孩童状态);你的伴侣对童年虐待及其对你所带来的影响并不负有责任。你需要在一开始就清楚地告诉你的伴侣，你自己正处于孩童状态，你可以说："我觉得自己很小。我回到了孩童状态。我现在需要帮助。"利用你的这种脆弱而期待伴侣来拯救你，或指责伴侣为你陷入孩童状态的罪魁祸首，这些都是你虐待伴侣的伎俩，尽量不要这么做。

（4）双方要关注解决问题

每个人生活中都有一些反复出现的问题要去解决。这些问题总是会出现在我们的生活中，而这是不以我们的意志为转移的。在健康的关系中，双方应关注如何最有效地解决这些问题。然后双方要遵守约定，为解决问题付诸实践，而你们彼此不必非要分个对错。若在关系中的两个人开始试着为自己辩驳，或强调自己才是"对的"，理性和康复就不再起作用了。

有一次我把我们皮卡的保险杠撞了一个坑；回家后，我的丈夫走到皮卡前说："怎么回事？"

我说："我没把车停好，于是就撞到树上了。"

帕特说："哦，没事，我觉得就不用修了，不值得再修了。"

之后我们就没有再说这个事了。让保险杠坑坑洼洼着，放着不用修，是我们解决问题的共识。他后来就再没问我"你是怎么撞的"，或说我笨，不小心或不会开车。我的沟通很实在。我们以前可能会因为这个保险杠生几周的闷气，然后抱怨个不停。

(5)双方都能在合理的时间内与伴侣亲密无间，相互支持

当一方表达自己的需求和愿望后，另一方可以在不牺牲自己且不替伴侣做他该做的功课的情况下，尽可能多地给予支持。在一段健康的关系中，这个过程不是一个人的事。今天有需求与愿望的是你，而明天可能你的伴侣就成了需要帮助的人。

(6)双方能过上一种"富足"的生活

价值感、力量感与富足是息息相关的。自我价值感与力量感是共同消长的。我们越珍重自己，我们便赋予了自己更多力量感，我们就越有能力照顾好自己。而当我们赋予自己更多力量感时，自我价值感也得到了相应的提高。如果由于没有照顾好自己，我们的自我力量感下降了，那么我们的自我价值感也会减弱，反之亦然。

你可以通过两种方式创造自尊与自爱感，从而让自己觉得有价值：做决定时多为自己着想；照顾好自己，而不要因为他人没有照顾好你，没有尊重你或伤害了你而责罚他人。以我的经验，你很难从攻击与惩罚他人中有所受益。当你不再过度地将自己的否认投射出去时，你可能会意识到他人其实是为了照顾好他自己才做出惹你厌烦的行为，伤害你并不是其本意。

当我们照顾好自己，能够将自我价值感和力量感维持在一个较好的水平时，各种富足似乎会自动地来到我们的生活中，其中包括友情、金钱、安宁与能量。这些富足会让自我价值感与力量感更上一层楼。

我的一位朋友在六十岁的时候参加了治疗，开始从共依赖中康复，而自我认可是他的起点。五年后，他开始健身并参加十二步骤小组的聚会或一周去看几次咨询师。他的生活开始从此绽放。他完全靠个人人脉，将生意做得越来越成功，而他做的一些有创意的事情也顺风顺水。他说这些富足来自他开始重视自己，赋予自己更多力量，并愿意接受更高的力量对他的重视与赋权。

（7）双方能协商与妥协

当体会到自我价值感、赋权感与富足水平有所提升时，你便能以自己的方式满足自己的需求了。你已有足够的能量、安宁与恬淡感，因此若事情不如你愿，你也不会强求。珍妮特是这样总结的，此时稀缺感已不再是你行为的动力，富足感才是，因此做出妥协并不会让你觉得什么东西从你的身上被扯去似的。若只有一部分的愿望与需求被满足，你依然可以忍受其所带来的那份焦虑。你们也开始能允许伴侣在他自己的价值体系内行事，只要不带有虐待性质。

例如，我喜欢把东西摆放整齐，收起来。在这一点上，我甚至有些极端。我更容易找到那些被收起来的东西。虽然我丈夫说他也喜欢屋里干干净净的，但把东西收起来后，在需要的时候，他就再也找不到它们了。为了找起来方便，他的很多东西都放在视野中，他依然在学着如何记住其他东西都被收在了哪里。在家里的书桌上、厨房柜台上、更衣室里和浴室的柜台上都放着他的东西。

我现在可以微笑着说这些，但是换作几年前，我并不觉得这件事多有趣。实际上，这一直令我苦不堪言。我一进屋，看到那一堆堆杂物，便会咬牙切齿，喃喃道："我受不了了。我必须得把那些东西收起来。我实在受不了了。必须收拾一下。"这些想法让我抑郁，心里很乱。让我生气的并不是那一堆东西本身，而是在我看到它们时内心的想法。

后来有一天，我对他说："这样下去不行。我受不了屋里这么乱。我需要把东西收拾一下，这样才方便以后找。"

他说："你把东西收起来后，我就找不到了。东西不在我眼皮底下的话，我是找不到的。"

我想了想，然后说："我们必须要想个办法了。如果我不把所有东西都收起来，你可以不把东西堆那么多吗？"

帕特想了想后，答应了我，于是现在堆起的东西越来越少，不再那么乱了，我也可以把一部分东西收起来了。我努力地让自己对剩下的东西有所忍耐，而他也在努力学着如何找到那些已经被收起来的东西。我们双方都做出了妥协，情况有了好转。

我之所以能体会到内心的平静，是因为我能够从那些让自己心乱如麻且抑郁的想法中解脱出来，然后想："哦，这难道不是很有趣吗？这星期，屋里的东西没有越堆越多。"这样一想，情绪就不那么糟糕了。

在我们共同做出妥协后，我便不再试着对东西到底堆了多少有执念了，也不太在乎他是否把鞋收起来了。帕特也开始把一些东西收起来了。我们还决定利用房子后面一块六百平方英尺⊖的地方放他的杂物。我向他保证,不会去那里收拾他的东西。而他也同意客厅由我说了算,但他得让狗离家具远点。你很难想象,这一点一滴的,看似无关的妥协对我们的关系的帮助有多大。

(8)尽管双方有差异,但依然可以享受关系

伴侣身上有你喜欢的,也有你不那么喜欢的地方,你可以有意识地将一部分注意力放在前者,即使你不得不也要面对后者。为了让自己舒服些,你不必绞尽脑汁,费尽心机地强迫你的伴侣去做什么。你可以照顾好自己,让自己好受些,比如不要老翻旧账。当我越好地照顾自己时,越能欣赏并享受伴侣身上的不同之处。你越善于照顾好自己,越能够舒服地让你的伴侣成为他想成为的人。

(9)以简单且直接的方式沟通

正如第 11 章所讨论的,通过简单直接的方式表达自己对亲密和支持的需求,是双方各自的责任。第 11 章提到的四句话准则,可以帮助我们达到这一目的。

不切实际的期待所带来的难题

当我们尝试开始一段新的亲密关系,或以更健康的姿态重新回到一段关系时,对健康关系的期待反而会为我们带来难题。

⊖ 1 平方英尺 = 0.093 平方米。

不健康的共依赖思维方式的特点之一是，以走极端或在两个极端间摇摆的方式解决问题。比如说，当发现连续好几个月家里的话费都高得离谱时，为了降低话费，你禁止所有家庭成员打长途电话，甚至把电话收起来。与此类似，有的人可能意识到曾经的自己，由于过去被抛弃或纠缠的经历，而使用工作、宗教或其他活动作为逃避亲密关系的借口，这正是过往关系破裂的原因。如果他们依然以"走极端"的方式解决问题，这种非黑即白的思维方式会让他们有一些不切实际的期待——我的伴侣不应该独自外出，应该辞掉他现在的工作，或不应该去教堂——这些都是不切实际的期待，使得重新进入一段关系变得十分困难。

在成瘾和共依赖的康复上有了一些进步后，你便可以更轻松地识别出自己在关系中的那些扭曲、不切实际的期待与假定了。如果某些期待让你的关系变得万分艰难，那这可能是你仍然怀有不切实际期待的一个标志。当你在关系中遇到困难时，先试着看看这是不是因为你的某个期待没有被满足，然后再看看这个期待是否切合实际。

在康复中重新进入亲密关系时，人们常常会怀有一些不切实际的期待，我的丈夫帕特·梅洛蒂对此有一些真知灼见。他的课似乎帮助人纠正了一些扭曲的思维。在下一章中，我们希望他的这些反思能帮助你识别出这些不切实际的期待，并将其分类整理，用更现实的期待来代替它们。

第 13 章

不切实际的期待

本章作者：帕特·梅洛蒂

"好了，我已经为这段关系做好准备了。"詹姆斯说道。作为詹姆斯在匿名自助会的导师，我已经认识他九年了。

听到他这么说，我很高兴同时也很好奇，于是问道："这位幸运的女士是一个什么样的人呢？"

他全面地介绍了她是什么样的人："不带偏见的、一直都很支持我，能够给我无条件的爱。"听了一会儿后，我开始觉得这听起来很像童子军的宣誓词似的：可以信赖的、忠诚的、友爱的等。在我看来，詹姆斯所描述的更像是拉布拉多犬的特点，因为人在关系中似乎很难表现出这么好的一致性与稳定性。

人们有时会说我对亲密关系这个话题有一种愤世嫉俗的态度，也许我确实比其他人带着更多的怀疑来看待亲密关系。然而在内心深处，我相信亲密关系是美好的。我觉得许多康复中的人们对一段关系的期待与愿望太不切实际了，这可能是我愤世嫉俗的来源，而这种不切实际与伴侣具体是谁无关。人们常常把在一段亲密关系中可能发生的事假定为将要发生的事。"如果在感情中，我一直感受不到这些，那么这段关系就是不健康的。所以我也许应该离开这段感情，寻找下一段。"

我对这种不切实际的期待的思考越多，特别像詹姆斯的这种，我就越想去发现在一段良好的关系中，切合实际的期待可能是什么。在进入一段更健康的关系后，某几种态度与期待似乎注定会让人最终感到失望与挫败。例如说，一段关系不一定非要包含一切在讲座或课本上提及的积极要素，才能够被称为一段良好的关系。

冒险：女人与老虎的故事

亲密关系总会让我想起一个女人与老虎的故事。相传在一个遥远的王国，法律禁止公主与百姓恋爱。然而国王抓到了一个公主与王国内一个出身平凡的小伙子正在恋爱。被抓时，他们仍然厮混在一起，但正在进行争吵。还没来得及与公主道别，这个小伙子便被关到一座塔中，且毫无逃走的可能。与公主恋爱的惩罚是死罪，但这个陷入爱河的公主向他的爸爸也就是国王求情，于是国王决定考验一下他。

这个小伙子被带到一座竞技场中，在他面前有两道门。一道门后是老虎，若他打开这道门，老虎会扑上来杀死他。另一道门后是公主，打开这道门他便可以迎娶公主。公主费尽心思打听到了她在哪扇门后，并传信给他："开左边的门。"小伙子心里要想的是，她告诉他的是什么？她想让他死还是想让他娶她？

我觉得，所有的亲密关系中都多多少少充满了冒险与惊讶（虽然这并不一定是有害的），而这恰恰也让关系本身变得充满趣味。

亲密关系需要信任。信任不是一个决定，而是一系列行为的结果，若我们无法意识到这一点，问题则会接踵而至。信任是一次次冒险而最终没有受伤的结果。咨询师会让第一次参加治疗的人做一件非常奇怪的事，即"请信任这个治疗过程"，这就如鸡同鸭讲一般。我更愿意换一种说法，"在治疗过程中，要勇于冒一些风险，如果没有受到伤害，也许你会开始学会信任"。但是，如果带着过高的且未被讨论过的期待去冒险，可能会让人受到伤害，而这会让人在未来不再愿意给予信任。

哪些是不切实际的期待

下面是对健康关系的一些不切实际的期待。在每一条后面，我会聊一聊切合实际的期待应该是什么样的。

(1)只要共依赖康复得好,我会找到那位完美的伴侣

我们很容易去期待自己、我们的伴侣和我们的关系是完美的。有时我们会觉得只要康复的时间足够长,自己最终会到达一个完美的状态,有能力去识别并吸引完美的伴侣。我常常在愈后小组⊖里说,婚姻本身并不会对关系有实质性的提高。婚礼是对关系的承诺。而提高亲密关系的质量,需要的是本书中所讨论的这些治疗过程。

许多人没有为自己设定目标,这使得治疗过程变得更加艰难。他们只会说一说,"我想让自己好起来"或"我正在康复中",而不知道康复具体是什么样子。我们要不然像詹姆斯一样,在心中创造了一个完美伴侣的形象,要不然只是模模糊糊地想象着,未来康复后,自己以及自己的亲密关系是什么样子,而我们怀有只是对未来模糊的想象,并在不断追赶。在这层想象背后,是我们的内心的一种假定,假定在未来的某一刻,我们终将达成完全的康复并享受完美的关系。

这种想象让我们对康复的理解十分模糊,我们不断调整自己的想象,把它越推越远——像沙漠中的海市蜃楼一般。于是在任何时候,我们都能拿自己现在所处的位置和那虚无缥缈的目标做比较,并发觉自己差得很远。我们觉得自己很失败,在生活中、工作中和关系中都很失败,而这仅仅是因为我们没有"取得我们应取得的进步"。

⊖ 小组成员多是已经从共依赖中康复大半的患者。——译者注

> **切合实际的期待**
>
> 无论在亲密关系中还是生活的其他方面,我们都需要反思一下,什么样的期待是切合实际的。我们要明白的是,这世上并没有那么多完美的人在那里等着我们。无论是什么样的人际关系,有些方面注定是好的,有些注定是不好的。不认识到这一点,我们和未来伴侣注定会感到痛苦与失望。

为了丢掉那些对完美治疗和完美关系不切实际的期待,我们可以用现在的自己与去年、上个月甚至上周的自己做一做比较。康复的重点在于进步而非追求完美。

在康复的旅途中,过程本身就是目的。在治疗历程中,我们每天力所能及地进步一点点,诚实地面对自己,尽量公正地待人处事即可。如此慢慢地积累,我们会收获进步与成长。那种大获成功的治疗可能会出现,也可能不会发生;但除非学着将注意力放在脚下,否则我们的治疗成果和亲密关系终会被破坏。

我们治疗中心所提倡的"活在当下"的口号正符合这一理念。有的人把这个口号作为逃避责任的借口。比如说,人们可能会想,"反正今天我不用交房租,我也不必省着花钱"。但等到月末时,若交不上房租,房东可不会认同你的想法。"活在当下"是一种为了自己的康复与未来,为了照顾好家人,而做到今日事今日毕的责任。同时,如果自己无法在今天把事情做好,也不要自暴自弃,不要对没有达到"我应达到"的目标耿耿于怀。许多正在康复中的人常常会对他人有过高的期待，同样我们也经常会对自己在一天中能取得的进步有过高的估计。我们必须学会如何纠正这些期待，否则这些期待将压在我们伴侣的肩头，那些不切实际且没有必要的失败感也会让我们沉浸在痛苦之中。

皮亚说过，治疗过程主要是由我们的头脑而非情绪来引领的。切实感受情绪固然是重要的，但我们也要认识到健康的决定是以理性为出发点的。情绪为我们提供素材，理智利用这些素材做出决定。完全或主要依靠求生本能来做决定，常常会让我们偏离康复的航道。

（2）结束感情即是失败

一天一位正在康复中且刚刚结束了一段感情的朋友告诉我："你知道吗，分手本身并没什么，最让我难受的是我又失败了。"

我问："你为什么说失败呢？"

他说："当然失败了，因为我们已经分开了。"

将结束关系当作一种失败的倾向，自动地让约会带有了高风险的属性，而其实大可不必这样。

回想自己曾经经历的几段感情，实际上我把能够离开那些感情，看作一种成功。比如说，两个人在一起开始一段关系，并试着彼此磨合。在他们相互了解对方后，其中一方或双方认为将这段关系持续一生并不是一个好主意，所以他们分开了，最终没有走进婚姻。他们共同走进一段关系；他们探索各种可能性；他们了解了自己在关系中是个怎样的人，并认识到自己容忍的底线是什么；他们发现继续这段关系对彼此都无益处；他们觉得应到此为止。

> **切合实际的期待**
>
> 无论最终走入婚姻与否，将破裂的关系看作一场实验或许更切合实际。这样一来，将关系的结束看作失败的想法便会得以消减。

（3）在健康的关系中，人们以理性和合理的方式讨论如何解决问题

似乎很多人都认为，在两人熟知彼此后，便没有必要再发生争执。然而我觉得没有争执和争吵的关系是不存在的，人之间偶尔还是会发生误解的。

大多数争执的缘起都是类似的：一方说了些冒犯到对方的话。本身可能也就两句话的事情，但后来谁也不记得是因为什么争吵的。当非理性的气氛在对话中越来越浓，双方便开始试着互说狠话，贬低对方，竭力把架吵"赢"或让自己"立于不败之地"。直到一方说一些相对理性客观的话，不再相互指责，非理性的气氛逐渐消散。之后双方才能重新开始富有成效的对话。

> **切合实际的期待**
>
> 偶尔的争吵、分歧甚至非肢体性的对抗,都可以帮助设定好个人边界并追求共识。分歧与争吵中的非理性通常源于人性格中最独特的部分,而正是这部分让人彼此吸引,建立亲密关系,因此期待人可以彻底摒除非理性是不现实的。比如说,我发现每当自己在争吵中大动肝火时,都是因为我觉得自己"没有被理解"。当我觉得自己的意思被误解时,我会开始倾向于认为对方是有意为之,于是便想让对方的思维方式与我的一致。对此的愤怒可能远远超过我对最初所争吵的话题本身的愤怒。

这其实与我的童年经历有关,因为我体验到的情绪强度已远远大于这个争吵话题本应引发的情绪强度。我花了很久,经历了很多挫折,才意识到这一点。在康复的道路上,摸爬滚打多年后,虽然我有了更多的觉察力,让自己的情况有所好转,这种冲动的思维方式依然不能如我所愿,并没有很大改善。后来我意识到,只要我在争吵的状态下,这种对自己被误解或轻视的恐惧就有可能发生。而如今,有时候我能对自己说"我又来了",然后道歉,再继续回到这个话题本身。有了这种切合实际的觉察与态度,我便不会因此非要与他人断交。

人与人之间的分歧是不可避免的,因此把注意力放在解决方法,而非因争吵所引发的失望与愤怒上才是正道。只要情绪上的痛苦没有超过忍耐的阈限,如肢体上的对抗或极端的情绪虐待,抛下争吵中所感受到的愤怒与痛苦而转身逃离,意味着你可能永远放弃了解决问题的机会。这样做的危险之一在于,你的逃离让问题被掩盖起来,你可能会以一种消极的方式,在其他事情上将这股怒火表达出来,而此事情与最初的争吵并没什么明显的联系。

(4)我们可以轻松地经营关系,令彼此满意

双方对亲密关系中的行为准则与特点的期待可能是类似的。然而草率地认为彼此对这些准则和特点的理解是相似的,就是不现实的了。大多数人对关系中不同的特点的理解也是不同的,而一个人的理解也会随着时间的推移而变化。我从自己的价值观出发去定义何谓好的关系,而你也从你的价值观中去寻找定义。

接下来我们讨论一下,双方对几种良好的个人特质可能抱有的不同看法:体贴、有趣、无条件的爱和专一。

首先,让我们思考一下体贴这一点。对于你来说,体贴代表当你需要他时,对方总是可以主动满足你的需求。然而这隐含着一个前提,即双方知道彼此的需求是什么。

我们要去期待彼此都会读心术吗?某种需求对他人很重要,并不代表对我也很重要。我们的需求会随时间而起伏变化。比如,有的时候我希望皮亚可以自带一个开关,然后我可以把她放在门口的衣橱里。当需要时,可以请她出来,打开开关,然后说"亲密关系"。当我要忙事情的时候,我可以关掉开关,把她放回衣橱里。这样一来，当我需要她时，她便总是体贴的，而这样我则没有考虑她的需求、愿望和所看重的东西。

"有趣"是一个每个人都有自己理解的概念。如果我认为有趣的东西皮亚也喜欢，我们才能彼此分享，但很多时候并不是这样的。

例如，皮亚喜欢逛商场，而我宁愿去看牙医也不愿意去逛商场，除非是去商场里我喜欢的五金店。有太多的事情我们都不会同时觉得有趣。所以大多数时间，我们会给对方足够的空间去做自己喜欢的事情，而一起做双方都感兴趣的事情。我们都喜欢的事情有滑翔、园艺和策划新的课程和临床概念。

另一个难有统一定义的是无条件的爱。我们大多数人都觉得我们给予了但没有得到无条件的爱，如果我们觉得来自他人的关心不是无条件的，那么我们便没有被爱着——这便是我们的定义。

我常听到的一种定义是，无条件的爱是指无论怎么样，一个人都爱着另一个人本来的样子。另一个定义是，一个人总是喜欢另一个人所做的一切，且从不发脾气。问题就在于，两个人对无条件的爱的定义是不同的。

在许多时候，我们所称之为爱的东西其实是欲望、性吸引或激情。我们常常把性看成爱，但是性行为就是性行为而已。性可以发生在两个相爱的人之间，也可能发生在没有爱的关系中。如果性是爱情的一部分，性便使人得到滋养。有时性是美妙的，有时性只是有氧运动而已，并不一定与爱有关。

下一个我们将要讨论的特质是专一,则是另一个话题了。这个概念有不同层次的含义,人们对其有不同的阐释。从一方面说,专一代表不与你的伴侣以外的人发生性关系;从另一方面说,专一不光是指性方面,也代表不在他人身上投入太多情感。

先假设在浪漫的爱情关系中双方都认同的,专一只代表性亲密层面。那么下一个问题就是,双方如何定义何为性层面上的专一?也许这代表不在与伴侣的关系外发生性关系。但这具体又是指什么呢?

每个人的潜意识都在一定程度上知道什么会唤起自己的性欲。当符合某种特征的人从面前走过时,我们会体会到性冲动。比如说,当一个符合我潜意识标准的一位非常有吸引力的女士从我面前走过,从这一刻起,什么样的行为是不可接受的呢?性行为,或对她的欲望,或打情骂俏?

我把"不可接受"定义为,发生的事情超出了我们价值体系所能接受的范围。在我的价值体系中,身体层面的性专一是重要的。这包括不和他人发生性行为,或做出会引发性行为的事情。其他人可能认同,也可能不认同我的价值体系。

在理想情况下,不专一是指,做了双方都认同的"专一"以外的行为。然而又有多少人会与他们的伴侣讨论这一重要的定义呢?大多数婚约誓词里都包括,双方要对彼此忠诚,但没有详细定义何为忠诚。大多数情侣从来不会特意地去商量,什么样的行为是忠诚的。而丈夫的价值体系可能与妻子的不同,争执便可能源于此。

> **切合实际的期待**
>
> 处于关系中的双方需要讨论一下彼此应该遵守的行为准则。对于准则中具体的条款对双方究竟意味着什么是至关重要的,这是决定是否与某人进入一段关系的关键条件。我们不能想当然地认为,伴侣恰好对这套行为准则有与我们相同的理解。

我猜很少会有情侣在结婚前,坐下来,一条一条地把各自希望对方遵守的行为准则列出来,并逐条商议。我们常常会先结婚,再以明显或隐秘的方式做出妥协。

对彼此的误解,特别是在专一这一概念上的误解,已经在关系中引发了太多的争吵;在走入婚姻前,情侣就此做出讨论是十分重要的。能否就专一的定义达成共识,是开始一段关系重要的考虑因素。

(5)亲密关系是自然而然且简单的

另一个不能忽视的对亲密关系不切实际的期待是,认为亲密关系是自然而然且简单的。亲密关系的定义是,与他人分享当下本真的你。我从马斯特斯和约翰逊[一]的讲座上学到的另一个定义是,亲密关系是和他人分享你脆弱的一面。正如我们在之前讨论的,亲密关系可以分为几类,包括身体上的、性上的、智力上的、情感上的和精神上的。

[一] 威廉·H.马斯特斯(William H. Masters)和弗吉尼亚·E.约翰逊(Virginia E. Johnson)是活跃于20世纪60~90年代的性学研究者,美剧《性爱大师》讲述的便是他们的故事。——译者注

皮亚已经在上文介绍得很详细了，在关系中的亲密感需要健康的边界感，发自内心的自尊，认识真正的自我，且知道什么时候适合与他人分享本真的自己。只向我们所信赖的人分享自己，也是非常必要的。

> **切合实际的期待**
>
> 在关系中获得亲密感并不是那么容易。这需要双方一起下定决心去努力，持之以恒并愿意冒险。无论是在多么近的关系中，亲密感都不是唾手可得的。比如，当童年的恐惧重新爬上心头时，亲密感可能在瞬间就荡然无存。

而且，相比在亲近的人面前袒露自己的脆弱而言，允许陌生人看到脆弱更容易，因为陌生人对我们的生活不构成什么影响。所以有时在飞机上，我可以对邻座畅所欲言自己的生活，甚至分享内心的一些恐惧。但在亲近的关系中这样做是有风险的：如果我袒露自己的脆弱，那么下一次吵架时，我的伴侣可能会将其作为武器反过来伤害我。而且我心知肚明的是，我也可能这么做。

他人利用私人信息对我们造成伤害，是令人胆寒的。我们许多人都在关系中，因将信息分享给感觉不安全的人而受过伤，而我们自己对于他人其实也是不安全的。只有在达到一定程度的康复后，我们才能学会如何恰当地争吵，如何成为值得信任且可以倾听脆弱的人。因为感到安全而体会到深入的亲密感固然是好的，但这也常常是种风险。即便如此,在康复的旅途中,我不断地巩固自己的边界感,向让我感到安全的人袒露心声,慢慢地我开始愿意承担更多的风险。令人高兴的是,我确实越来越频繁地体验到了亲密感,从而开始信任他人。我也发现自己信任的对象不仅限于人,我现在也可以信任自己的边界感、自尊、康复的过程。

(6)我们所有的需求终将被满足

人们对一段关系能带来什么是有所期待的,而判断这种期待是否切合实际,要看这段关系能否满足双方各种各样的需求与愿望。这份需求与愿望的清单可以是无穷无尽的。我若问:"好的关系有哪些特点?"人们常常会将以下特点列举出来(见表 13-1)。

表 13-1 良好关系的特点

有妥协的能力	亲密感
迁就对方	忠诚
给予肯定	爱与激情
有空闲	乐于协商
有共同兴趣	开明
乐于交流	有一位固定伴侣
陪伴	可靠
有对抗性	尊重对方边界感
专一	性
有乐趣的	信任
好厨艺	心甘情愿
诚实	

> **切合实际的期待**
>
> 接纳是令人舒服的关系中最重要的因素（当然达到这一点，需要在康复上做很多工作）。若我的伴侣、这段关系或我自己身上，不具备以上这些特点，那么我需要接纳这个现实。一些特点在大部分时间里都会在我的身上表现出来，而另一些特点则完全与我无缘。我所拥有的那些特点也是时隐时现，这取决于我的康复程度、敏感度和每天的自我觉察度。

康复的目的是达到每天保持诚实且相对舒服的状态。在康复的道路上，共依赖患者常常会走极端。曾经在逆境中经历过太多痛苦和冲突的人，常常会希望康复能带来随时随地的欢乐与和谐。而在现实生活中，大多数情绪是在极度痛苦与快乐之间摆动的。在摆动区域的两端分别画一条分界线，来区分舒适与快乐以及不适与痛苦。即使在一段良好的关系中，我们的感受依然会在这样的区间中上下摆动。如果在关系中，我们能在大多数时候处于舒适这一端，那么说明情况还不错（见图 13-1）。

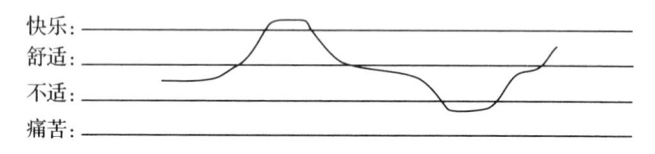

快乐：
舒适：
不适：
痛苦：

图 13-1　我们的情绪

有时我们会处于舒适这条线下端，这并不是我们自己的问题，因为这就是生活的现实，而我们要接受这一点。如今的我大多数时候感受到适度的舒适，这比曾经在不适和痛苦与自杀之间摆动的情况强得多。曾经有一段时间，我以为没有痛苦就是快乐。直到最近几年我才意识到，对于一个健康的人来说，快乐与痛苦两种感受是可以共存的，而且我也能在关系中开始觉察自己的每一种感受，且不受其困扰。

（7）遇到问题就结束关系

人们进入一段关系，自然会遇到问题，许多人常常觉得结束关系是最好的或唯一的解决方法。若问题很明显且棘手，那说明确实有必要结束关系。然而再想一想这段关系让人满意的地方，思考一下这些问题是否有协商的可能性之前，我们需要克制自己，不要匆忙地做出结束关系的决定。

> **切合实际的期待**
>
> 在关系中碰壁的人需要问问自己，是否愿意继续走下去。即便是正在考虑是否结束这段关系，我们也要先看看自己的哪些需求在关系中已经得到了满足，而不是只看到那些没有被满足的需求。关系中哪些是无法忍受的？哪些是可以忍受的？有多少是积极的？而又有多少是消极的？

在关系中遭遇的问题常常会将称心如意的方面掩盖起来。心理学家马斯洛创立的需求层次理论，描述人最基本的需求和更高层次的人类需求。他指出在我们同时有多种需求时，最基本的那个需求是最迫切的，在这个需求得到满足后，才会轮到下一个。他还指出，"一个已经被满足了的需求便不再对人有激励的作用"。换句话说，我们有所行动的动力并不来自那些已经被满足了的需求。实际上，一旦一个需求被满足了，人们本能地就不再关注它了。当我们的某些需求被暂时满足时，我们才会常常说，自己没有这方面的需求，但实际上我们依然是有这些需求的。

例如，一名士兵跳伞因错误地降落在一片沙漠中而迷了路。在被救前，他已经在沙漠中走了几天且没有水和食物。他最先需要的是水，因为饮水是最基本的生理需求。当我们需要水且发现自己口渴时会说，"天啊，好渴啊"，然后去喝些水。然而我从没听人说过，"我一点也不渴。我已经一整天没有口渴了。我年轻的时候总是口渴，但现在我不如从前那样口渴了"。

喝水之后，这名士兵会注意到的下一个需求是吃饭和休息。他不会花时间琢磨为什么自己不再口渴了，而会开始发觉自己有多饿和多累。他不会再有意识地去察觉那些已经被满足的需求了。

在关系中，这个概念是很重要的。我们之所以会为未满足的需求而大动肝火，常常是因为我们没有盘点过那些在关系中已被满足的需求。

那么这会如何影响关系呢？我们来看一个关于山姆的例子。山姆是一家商店的经理，几年前迎娶了他的第一任妻子。他们育有两个孩子，住在一间大房子里。这段婚姻关系为山姆带来了许多。他有自己的一艘船，同时也是射击俱乐部的会员，他喜欢老式猎枪并收藏了几把。他和妻子有不少共同的朋友并彼此尊重。然而山姆觉得他们之间的性生活太少，于是因为这一点而离开了妻子和孩子。

山姆觉得只要在下一段关系中，他可以得到爱与性，就万事大吉了。后来山姆进入了一段这样的关系，但最终他几近自杀的边缘——因为一旦性需求得到了满足，这段性关系也就变得不那么重要了。虽然他想要性就可以得到性，但其他对他很重要的东西都一去不复还了。他失去了孩子，和新的妻子也没有太多共同语言和相互的尊重。他也不能再继续航行和射击的爱好了。山姆没有地方去练习射击了，所以枪放在地下室都落了灰。

为了追求一两个需求的满足，山姆放弃了其余所有的需求，最终生活在一间小公寓里，失去了那些曾给他带来舒适生活的东西。

山姆的教训告诉了我们一个重要的道理：许多时候，我们都不会去关注那些已经被满足的需求而知足感恩。知足感恩的意思是，时常去实事求是地审视自己已被满足的需求。

对关系进行评估

在思考是否结束一段关系时，我建议遵循以下几个步骤。

首先，审视关系中出现的问题。然后，判断自己的忍耐阈限如何，看看关系中问题所带来的影响是否超出自己的忍耐度。由于在孩童时期，没有人教我们如何满足或评估自己的需求与愿望（共依赖的第四个核心症状），我们需要咨询师的帮助来评估且解决这些问题。

于一段关系中，在身体、性、智力、精神和情感上，你是否有足够的安全感呢？在以上几个方面，你是否受到过伴侣的抨击呢？如果有家暴出现，继续留在关系中多是不明智的。暴力可能在很短的时间内升级，一旦出现家暴的迹象，必须采取措施保证其他家庭成员的人身安全。

而是否继续一段带有情感虐待的关系，就是个人决定了。这取决于来自伴侣的情感虐待的严重程度，以及你有多好的边界感来保护自己。情感虐待的程度有浅有深。若对方每天都会站得离我们很近（侵犯了身体的边界感），大喊大叫，用残酷的讽刺嘲笑我们（侵犯了情感的边界感），这属于很严重的虐待，在某种程度上比身体虐待更可怕。再假设，伴侣站在正常的距离内，用正常的语气讽刺了一下我们的厨艺，若我们有强大的边界感与自信，则可以忍受这种程度的虐待。我们应尽己所能承认关系中的问题，并了解自己的忍耐阈限。

接下来可以回顾一下关系中那些令人满意甚至享受的东西。例如，夫妻可能在育儿或理财的理念上非常契合，他们可能有不错的社交生活，或非常支持对方的事业。

在这个评估的过程中，每个人可以把关系中积极或令人觉得舒服的东西列一个单子，然后再列出令人不舒服的东西。

经过了这些步骤后，双方可以从自己不太能忍受但也不严重的问题开始讨论。双方可以问问彼此："我们可以讨论一下这个问题吗？在这个问题上，有商量的余地吗？"

评估并尝试协商这些令彼此不能忍受的问题，能让双方有更多的依据来判断是否要继续这段关系。

培养并保持切合实际的期待

为了让对关系的期望切合实际，我们需要调整自己看待事物的方式。我们需要学会或重新学习如何以恰当的方式与他人建立关系，并从不再对自己和他人那么苛刻开始。定期从自助会导师、咨询师或其他正在康复中的人那里得到反馈，不仅可以帮助我们对抗那些扭曲的自我批评式思维和行为，还能在因自己过于苛刻而无法看到生活和关系中的进步时，为我们提供一个不同的视角。

为了建立亲密关系，我们需要接受自己与伴侣的某些分歧是永远不会消除的。我和皮亚永远不会讨论某些话题，因为即使我们彼此已经认识很久了，这样的讨论依然会引发争吵。因为这些问题还在忍耐阈限内，我们并不会深陷其中，还可以接纳分歧的存在。在我们的关系中，好的那部分超过了由分歧所带来的不适感。

在康复过程中，我们需要学会或再一次学习接纳自己，接纳成瘾问题与共依赖对我们的生活与关系造成的影响，认清继续康复的必要性。在接纳自我的同时，我们需要培养并保持对康复和关系切合实际的期待，并认清哪些是我们无法改变的事情，这是健康关系的基石。

○ 第四部分

康复记录练习

第 14 章

直面爱恋成瘾的记录练习

这一章的主题是讨论爱恋成瘾在生活中如何起作用,以及如何迈出康复的第一步。我们写这一章时的一个假设是,你已经意识到自己正处于或曾经处于一段共成瘾的关系中,并且乐意在康复中下一些功夫。

首先我们会探究一下你所体验到的爱恋成瘾症状以及爱恋成瘾的不同阶段。这个过程会促使你完成康复的前两步:不再否认自己的成瘾问题与回顾成瘾对自己所造成的伤害。在处理共成瘾关系中的成瘾症状时,日志记录练习会帮助你看到自己所体验到的共依赖症状以及取得进步的方向。

从以往的关系中，越多地辨认出带有爱恋成瘾特质的关系，你就越能处理好自己的成瘾问题。无论共成瘾关系是否存在于当下，写下每一个与你保持过这种关系的人。并非所有的关系都带有爱恋成瘾的性质。有的人只在恋爱中才会体验到爱恋成瘾，有的人则只会与父母、孩子、密友、牧师或咨询师互动时才会体验到。

爱恋成瘾的症状

描述一下以下三种爱恋成瘾的主要症状是如何表现在你身上的，以及造成了哪些苦果。针对每一个与你有过爱恋成瘾关系的人都要这样回顾一遍。

1. 在对方身上花费过多的时间和精力，觉得对方总是高高在上的。
2. 总是期待无条件的爱。
3. 将注意力都放在了共成瘾关系中对方的身上，而忽视了照顾好自己。

例子

名字：妈妈

关系类型：父母

关系时长：迄今为止的人生

（1）在对方身上花费过多的时间和精力，觉得对方总是高高在上的

沉迷于这个人身上过多的时间和精力	我是如何觉得对方高高在上的（认为对方的价值高于自己）	造成的苦果
在工作时，我会花费两个小时回想与我妈妈上一次在电话里说了什么，执迷于思考如何能让她更理解我		在与上司的会议上，我迟到了三十分钟，为自己惹来了不少麻烦。昨天我还没有完成一个新项目的报告
	妈妈说由专业人士设计的简历不一定比我自己做的好多少。虽然她从没为自己写过简历或看过他人的简历，我还是决定不去花钱请专业人士为我设计简历。最终我没有得到想要的工作	得到这份工作的人资历与我相仿，但她的简历看起来更专业，更好地展示了她的资质与学历

（其他苦果的例子参见第9章。）

（2）总是期待无条件的爱

行为表现	对他人造成的危害	我所期待的回应	他人实际的回应
我和男友约了中午一起吃饭，但是我迟到了。他对此很生气。我哭着说他并不爱我，否则他是不会生气的	他匆匆从办公室离开，到餐厅等我。我的迟到也让他没有赶上一个重要的会议。仅仅因为对我迟到的一个正常情绪反应，我就说他不爱我了，他对此感到很痛苦和生气	我期待他能忽视等待迟到的我所带来的不便，并见到我后表现出很高兴。我以为，当你爱一个人时，你永远不会对他发脾气	他之所以会生气，是因为他匆匆从办公室离开，却要在餐厅等我很久，而且还因此赶不上下午的一个会议

（3）将注意力都放在了共成瘾关系中对方的身上，而忽视了照顾好自己

我是如何表现得好像需要人照顾而忽视自己的	对方在这方面是怎么照顾我的或我是如何暗中操控对方来照顾我的
我挑食，假装不知道如何好好吃饭	我妈妈为我做饭，如果我不吃饭，她就会大吵大闹。她为我准备好带到工作单位的午餐
我不太注意吃治疗心脏病的药，因此有时喘不上气来	我妈妈会着急，盯着时间，打电话问我是否吃药了

你可以用下面几页的空白表格来记录自己在生活中的这些特质。针对每一段成瘾关系中的对象，记录这三个症状表现。

名字：

关系类型：

关系时长：

（1）在对方身上花费过多的时间和精力，觉得对方总是高高在上的

沉迷于这个人身上的过多的时间和精力	我是如何觉得对方高高在上的（认为对方的价值高于自己）	造成的苦果

（2）总是期待无条件的爱

行为表现	对他人造成的危害	我所期待的回应	他人实际的回应

（3）将注意力都放在了共成瘾关系中对方的身上，而忽视了照顾好自己

我是如何表现得好像需要人照顾而忽视自己的	对方在这方面是怎么照顾我的或我是如何暗中操控对方来照顾我的

爱恋成瘾情感循环中的不同阶段

描述你在爱恋成瘾情感循环每一个阶段的感受，回顾与你有过成瘾关系的每一个人。

名字：

关系类型[一]：

关系时长：

（1）被权威和爱恋回避者的诱惑与"能力"所吸引。（特别提示：如果你所写的对象是儿子或女儿，请跳过这一部分，回顾第3章。）

㊀ 如果你所写的是你的儿子或女儿，那么在情感循环中的愉悦幻想与否认的破灭是有所不同的。请注意接下来每一部分的"特别提示"，会具体说明如何记录对这种亲子关系的反思。

A. 你是如何遇到这个人的？（发生了什么？）

B. 这个人的哪些特点首先吸引了你？（诱惑与"能力"）：

（2）在幻想时感到无比愉悦。

A. 在童年为了让自己好过一些，我是如何将自己对某人的期待改造为幻想的？我所认为的"完美"伴侣、父母和朋友（无论是何种关系）是什么样的？（特别提示：如果这是与自己儿子或女儿的关系，我会幻想自己的孩子具有一些特征，而这些特征"应会"让我觉得自己是一个"合格"的父母且觉得舒服或满意。）

B. 随着关系的发展，我是如何将幻想中伴侣的样子当真而忽视且拒绝了解他本来的样子的（否认接受现实中的对方）？

（3）从孤独、空虚和在伴侣面前不被重视的痛苦中解脱出来。

由于与这个爱恋回避者建立了关系，我是如何开始感到自己充满价值、圆满且完整的。

（4）爱恋成瘾者变得更加依赖，无视爱恋回避者的"墙"。

对方实际上在关系中已经不那么用心了，而我是如何选择无视的。（特别提示：如果这是亲子关系，儿子或女儿不应该来照顾我的感受。作为父母，我应该主动照顾他们的感受，以释放孩子的天性。接下来描述一下，孩子是如何不符合我的预期的，这种预期与实际情况的差距是如何显现的，而我又是如何无视事实，试图通过改变孩子来满足我对他的预期。）

（5）爱恋成瘾者对伴侣的"墙"和关系外行为的否认被击碎。

我一直对此人有所幻想，幻想他成为我心目中的样子，并且一直否认他在回避我，直到一件事或几件事将我的这些幻想和否认击碎。请描述一下一件或几件这样的事。（特别提示：如果这是一段亲子关系，击碎幻想的事可能会是，孩子由于盗窃或酒驾被捕，未成年便怀孕或迟迟找不到对象。）

（6）爱恋成瘾者的戒断反应。

当我的否认破碎或伴侣离开时，在情绪上，对爱恋成瘾的戒断反应是怎样的？请描述一下以下情绪：

痛苦：

恐惧：

愤怒：

（7）沉迷与计划的阶段。

对他在关系中逃避行为的否认破碎后，我脑中一直有一些对于他挥之不去的想法和计划。

A. 平复我内心痛苦的计划（比如，喝醉的计划、暴饮暴食或去做任何成瘾或强迫行为的计划）：

B. 报复对方或与对方扯平的计划：

C. 挽回关系的计划：

（8）想方设法地实施计划

日期	我是如何实施计划的	结果（选择以下任意一项：平复内心痛苦、报复或挽回关系）

康复过程

通过上述记录练习，你已经认清了自己爱恋成瘾的问题，在接下来的康复过程中要进行戒瘾。在戒瘾的同时，也应立即开始认真地处理共依赖的主要症状。对这些症状的处理会帮助你度过最难熬的戒断体验期。

（1）为了戒掉爱恋成瘾，你必须要做些什么？（例如，不再追求不想和你在一起的那个人、不再和不合适的人保持性关系、戒酒。）

（2）回顾共依赖的主要症状，特别是与自尊、接纳现实、接纳并满足你的需求与愿望有关的症状。

A. 写一写那些在童年发生的，影响你内在价值感的，且让你感到羞耻的事情。

事情	这件事是如何让你感到害羞的

B. 写出你在关系中自我贬低的想法,然后写一句新的且不偏颇的话来评价自己。

我是如何在关系中觉得自己不如对方的	我会如何形容自己与对方有同等的价值

C. 写出那些让自己觉得对方高高在上的想法，然后写一句不偏颇的描述对方的话。

我是如何将对方看作一个比我有价值的人的	我会如何将对方看作一个与我拥有同等价值的人的

D. 写一写你与对方在价值观上的冲突。(比如花钱、养儿育女、穿衣着装、做家务等。)

E. 在目前的关系中,你每天会花多久想对方?请写出你在想的内容,然后描述这与他的实际情况有什么不符。

日期	时长	我在想对方的什么	我所想与对方实际情况的不符之处

F. 写一写你是如何忽视自己的需求和愿望的。利用这些信息反思你是谁以及为了满足自己的需求和愿望，你能做些什么。

我是如何忽视自己的需求与愿望的	我是谁以及我能为自己的需求和愿望做些什么

第 15 章

写下从爱恋成瘾中康复的第一步

第一步[一]：我们承认自己对 _____（某种瘾）无能为力，而我们对生活已经失去了控制。

爱恋成瘾者对生活的无能为力是指，他们试图控制成瘾关系中伴侣的所作所为，但最终失败了（如劝伴侣戒酒）。

[一] 从 20 世纪 30 年代，美国开始流行一种叫"十二步骤"的治疗团体，针对与成瘾相关的各种问题，如药物成瘾、赌博成瘾、性成瘾和消费成瘾等，每一个步骤的指导内容是固定的。作者从成瘾的思路来理解亲密关系，在本章介绍如何利用"十二步骤"中的第一步来更好认识爱恋成瘾。——译者注

爱恋成瘾者对生活的失控就是这种试图去控制伴侣所带来的苦果。

使用以上对无能为力（试图控制伴侣）和失控（所带来苦果）的定义，列出所有过去和现在与你有过成瘾关系的人。这不仅仅特指恋爱关系，还包括任何具有成瘾特点的关系。

名字	关系类型 （性、友谊、亲子等）

例 1

名字：亨利

关系类型：恋爱

他人的现实	无能为力：我是如何试图控制伴侣的	失控的苦果
身体	怂恿亨利去喝酒，他一旦烂醉如泥就不会离开我了	酒瘾几乎要了他的命
思维	隐藏一些我的个人信息，这样他就会对我有个好印象	亨利发现我有疱疹后，失去了对我的信任
感受	在亨利面前对别的男人过分示好，让他嫉妒	亨利和这个男人大声吵起来，并在他老板面前失态。这个男人的女友非常生气且感到受伤
行为	装作不会修车，这样他就能来帮我修，从而让我觉得被他爱着	亨利觉得我没有能力且不如别人。我觉得自己要依赖他。而且由于帮我修车，他没来得及在一次重要的商务饭局前理发

例 2

名字：阿莉西亚

关系类型：四十岁的女儿

他人的现实	无能为力：我是如何试图控制伴侣的	失控的苦果
身体	告诉阿莉西亚不应该在公司的圣诞节聚会上穿晚礼服	她没有穿晚礼服，但是每个人都正装出席了。她出了丑，于是来责怪我
思维	提醒阿莉西亚给她奶奶（我的妈妈）发生日贺卡	若她照我提醒去发贺卡，便是剥夺了她为自己的遗忘负责的机会，也剥夺了她主动选择发贺卡的喜悦
感受	对阿莉西亚说，因为她已经好几个月不给我打电话了，我觉得她不爱我	阿莉西亚觉得很生气且羞愧。我们大吵了一架
行为	为了感受到爱，我故意夸大了胃灼烧的症状，这样一来，阿莉西亚就会以为我是心脏病发作，可能危及生命	阿莉西亚觉得我已无法照顾好自己。她觉得我在夸大症状，现在已经不再相信我了

例 3

名字：旺达

关系类型：密友

他人的现实	无能为力：我是如何试图控制伴侣的	失控的苦果
身体	告诉旺达她这么大的年纪不适合留长头发	旺达很生气，说我并不知道如何打扮
思维	向旺达撒谎说，我是从斯坦福大学毕业的，这样能让她高看我一眼	她向朋友夸耀我的学历时，被这位朋友戳穿我说的假话，她觉得我欺骗了她
感受	告诉旺达我丈夫和另一个女人一起喝酒，好让她同情我，而不告诉她那个女人只是他的一位客户而已	旺达的丈夫与我丈夫是同事，旺达从她丈夫那里知道我说的那个女人的真实身份。旺达有被我背叛的感觉。我丈夫得知后，也觉得很伤心
行为	在参加桥牌俱乐部前，假装不知道如何烤饼干，于是旺达就能把我的那份也烤了一起带去	旺达为了烤饼干睡得很晚，而没有玩得尽兴。她还觉得我有些无能与散漫

你可以使用下面这张表格,来描述在成瘾关系中的无能为力与失控感;使用这张表来回顾你的名单中的每一个人。

他人的现实	无能为力:我是如何试图控制伴侣的	失控的苦果
身体		
思维		
感受		
行为		

第 16 章

写下爱恋成瘾康复的第四步

第四步：克服恐惧，对自己进行一次深入的道德盘点。

作为爱恋成瘾者，反思自己的价值体系是一种很好的进行道德盘点的方法。首先，我们要确认自己的价值体系是什么。然后，我们可以回顾一下，由于这段带有成瘾性质的关系，我们做了哪些违背自己价值体系的事。

笼统地说，价值体系是一套行事准则，我们遵循它生活，因此便成为正直的人。我们带着这一套准则生活，会自得其乐。若不按照这一套准则生活，我们会感到内疚且不如旁人。

爱恋成瘾会从几个方面让我们做出违背自己价值体系的事情。当我们把太多的时间、精力和价值感放在另一个人身上时，我们也就把这个人当成我们的主宰，从而认为他的价值体系比我们的更重要。若我们的价值体系与另一个人有冲突，而去根据他人的价值体系行事时，这自然而然地便违背了自己的价值体系。我们经历一系列爱恋成瘾者的情感循环，在幻想破碎的这个阶段，我们觉得自己被抛弃，体会到痛苦的情绪，做出一些违背自己价值体系的强迫行为。例如，我们会利用自己的瘾来缓解痛苦（醉酒，暴饮暴食，催吐，或者疯狂购物），随之而来的是相应的苦果。为了跟爱恋回避者算账，我们可能会毁坏他人的财物或为自己制造艳遇。为了挽回这段感情，我们可能会抛弃自己的孩子或亲近的人，也可能容忍伴侣对我们造成的伤害。

最根本的是，我们咽下了由违背价值体系的行为所带来的大量苦果。我们体验到痛苦、内疚和羞耻感，也可能由此失去了金钱、健康、工作或名誉。爱恋成瘾所带来的苦果同时也会波及他人，包括我们的孩子、朋友、下属、伴侣、父母甚至陌生人（例如，心里带着一股怒气而鲁莽驾驶，引发车祸）。

下面是对价值体系的一个简要分类，你可以以此为索引审视一下自己的价值观。回顾你因成瘾关系而做出过的违背自己价值体系的事情，以及由此所引发的后果。请使用表 16-1 来记录你的反思。

若在下列任何一个价值体系类别里，你做过违背自己价值体系的事情，请详细地记录下来。这个列表里的类别可能并不全，请将其他适用于你自己的补充进来。

表 16-1　价值体系类别

金钱	性偏好	穿着
宗教	性专一	节日庆祝
政治	关系	闲暇时间的使用
工作	育儿	与父母的关系
生活习惯	朋友应酬	社交
食物		

例子

价值体系类别：性专一

我的价值体系	我如何违背了这个价值体系	带来的苦果
只与我的妻子发生性关系，不与其他人发生性关系	在我发现妻子和她的上司有染后，我也和在酒吧认识的苏珊出轨了	由于欺骗了苏珊，我觉得很内疚。她不知道我是有家室的人，而寄希望于与我发展一段关系。同时，自己出轨的隐情让我在心里与妻子拉开了距离。这不但没有让我获得心理平衡，反而让事情更糟了

例子

价值体系类别：金钱

我的价值体系	我如何违背了这个价值体系	带来的苦果
及时还清信用卡；花钱不超过信用额度	我丈夫的价值观是及时行乐；花钱缩手缩脚让他觉得扫兴。他会超额消费，不去想如何还贷	一起外出用信用卡购物时，我都会觉得很痛苦。我们负债累累，每个月花了许多钱付利息

例子

价值体系类别：穿着

我的价值体系	我如何违背了这个价值体系	带来的苦果
当我穿着剪裁得体、不张扬且能很好地遮盖住我的身体的衣服时，我感觉最舒服	我丈夫想让我穿吊带衫、露背装、比基尼和迷你裙。他觉得我不应该遮盖掩藏自己的身体	我们一起外出的时候，我都觉得很难为情。我必须对付那些讨好我的男性，而曾经很尊重我的女性朋友也对我变得冷淡起来

例子

价值体系类别：与父母的关系

我的价值体系	我如何违背了价值体系	带来的苦果
我妈妈住在敬老院，我应该每个星期都去看她	我妻子很不喜欢去敬老院，她觉得我们已经付了足够的钱给护理人员来照顾我妈妈。她说我妈妈只会发牢骚和抱怨，而我的妻子又很忙，所以觉得我们并不需要经常去敬老院。于是后来我便很少去看我妈妈了	我妈妈没有得到足够照顾，因此我觉得很内疚。我姐姐也因此对我很有意见，我们的关系非常紧张

在下面的空白表格上，你可以回顾一下，作为爱恋成瘾者的你在亲密关系中吞下了哪些苦果。在第一个步骤的记录练习中，你已经回顾了许多具有成瘾性质的关系，接下来你可以将这些关系是如何影响你的价值体系的写下来。

价值体系类别：

我的价值体系	我如何违背了价值体系	带来的苦果

第 17 章

爱恋回避者的记录练习

本章将为爱恋回避者提供记录练习指南。首先,我们会回顾爱恋回避者在关系中的特点,我们在第 4 章中也已经写过了。然后,我们会描述爱恋回避者在关系中经历的情感循环。最后,我们会解释爱恋回避者康复的方式。

爱恋回避者的特点

使用以下的表格,详细描述你作为爱恋回避者:①如何通过沉迷在关系之外的事物来回避这段关系；②避免被伴侣所了解；③避免与伴侣分享和接受彼此真实的感受和想法。

回避投入在关系中

1.在表格左侧写下你本来可以投入在人际关系中的一些机会，写下你是如何回避这些关系、你的回避给你或他人带来怎样的不好的结果。

例子

本来可以投入在关系中的机会	我是怎样回避这个人的	不好的结果
我的女儿安吉拉在16岁时赢了一场芭蕾比赛。我的妻子建议我带她去纽约，把她介绍给国家芭蕾团	当我和安吉拉到纽约时，我让我助理的妻子带她去舞团，而我则跟我的助理一起谈生意	我的女儿感到被我抛弃了。我错过了一个了解她的机会。我让她感到她不值得被陪伴，而且，她也认为我对她的芭蕾舞特长既没有兴趣也不觉得有价值
我专门留出时间，带我9岁的儿子弗兰克第一次去钓鱼	我也带上了寄养中心里的一个10岁男孩。钓鱼时，我更关心这个男孩而不是弗兰克。当弗兰克对这个男孩很凶时，我在那个男孩面前把弗兰克骂了一顿	弗兰克觉得被我抛弃了，但他害怕我生气，所以他对那个男孩发火。而我则在那个男孩面前骂他，让他感到羞耻。那个男孩也受到弗兰克的糟糕情绪的影响。我们三个人都感到非常不自在

用以下的表格写下你生活中的例子：

本来可以投入在关系中的机会	我是怎样回避这个人的	不好的结果

2.使用下面的表格描述你如何投入在你的重要关系之外的活动中,你在关系之外的联结感。

例子

强烈感受的来源	相关的人物	我感受到联结感的地方
每周五在粉红大象酒吧喝酒	酒保汤米、巴蒂和艾丽西亚,侍者萨利和凯利,常客哈尔、萨米、乔、特鲁迪、乔伊斯、波比、诺兰	这些人就像我的家人一样。粉红大象酒吧是我的第二个家。我在这里很放松。我在这里是受欢迎的
志愿者活动:每周四晚都在帮助社区建一个棒球场	山姆、约翰、艾莉森、桑德拉、杰里米、本	我们努力为这个社区做些好事

用以下的表格写下你生活中的例子:

强烈感受的来源	相关的人物	我感受到联结感的地方

回避被关系中另一人了解

1. 在下面的表格里描述你是如何竖起心墙,避免被关系中的另一个人所了解的。然后,写下这些"不了解"给你带来了什么不好的结果。这些"不了解"包括:不了解你的需要或渴望,不了解你的看法或喜好,不了解你的感受,不知道你想要做什么。

例子

"墙"的形态:保持沉默、假装成熟、假装愉快	我怎样利用"墙"去避免表现我真实的感受、想法或行动	不好的结果
保持沉默	我的妻子问我介不介意让她妈妈来跟我们一起过圣诞。我其实不想让她妈妈来,因为这回应当是我的家人来跟我们一起过圣诞了,但我不想和我妻子争吵,所以我就保持了沉默。	我的妻子以为我不介意,所以就邀请了她妈妈来。我不喜欢她妈妈跟我们在一起,觉得很不高兴。她妈妈在我们家也感到不自在。

"墙"的形态：保持沉默、假装成熟、假装愉快	我怎样利用"墙"去避免表现我真实的感受、想法或行动	不好的结果

2. 在下面的表格里，你可以写下你自己一个人处理困难、不向亲近的人寻求帮助。这包括遇到生活困难、实现重大计划或面对痛苦的经历。

例子

我在面对什么	我是怎样自己处理的	不好的结果
我发现我得了无法治疗的癌症	我说服医生不要告诉我太太。我只跟家人说我染了病。我自己一个人默默忍受着所有的恐惧和痛苦	当我的妻子最终知道事实时，她觉得被欺骗了。我觉得很恐惧、也很孤单
我失业了	我每天还是穿戴整齐离开家，就好像我还在上班一样	我觉得恐惧和孤单。我的妻子在不知道我没有存入薪水的情况下写了空头支票

我在面对什么	我是怎样自己处理的	不好的结果

避免亲密（分享和接受彼此真实的感受和想法）的机会

1. 用以下表格描述你是怎样用一些分心的事避免和伴侣分享和接受彼此真实的感受和想法，例如，开着电视和收音机、看书看报纸、忙着修理家居、参与社区里或教堂里的义务工作、参加运动等。

例子

某种令自己分心、避免亲密的事	某次你做了这件事的例子	你这么做是为了回避什么
在车里大声播放乡村音乐或西部音乐	在上次度假时，我们一起开车从科罗拉多开到加利福尼亚。我把广播开得很大声，这样我们就不用说话了	我不想和海伦谈任何事情。我们的谈话通常最后都会变成吵架，我不想在度假中吵架
我在地下室建了一个暗房，每天晚上我都在里面学习新技术	我的孩子们很吵闹。我的儿子想要我帮他做物理作业。他以为我有工程师学位就能知道所有的答案。我的妻子也总是想找机会和我说话	我不想帮我的儿子做作业。我也不想和我妻子谈我们婚姻中的关系问题或者她那些家庭开销的问题

某种令自己分心、避免亲密的事	某次你做了这件事的例子	你这么做是为了回避什么

2. 填写下面的表格，列出你是怎么通过控制关系中的某人、某事而不与其他人分享和接受彼此真实想法和感受的。

例子

为了避免和其他人分享和接受彼此真实的想法，我做了什么	我控制了什么	不好的结果
我生气地争论	我的妻子想要用和往常不一样的方式发生关系	她觉得受伤了，而且很生气。而且我的性功能也受到影响
我不断地提及花钱的事情	每年的夏季度假计划	我们在度假时，因为很害怕超支，所以都不怎么享受假期了，也没有随性做计划外的事情
我批评了我儿子，说他提要求时没有说服力	我的儿子想要晚点睡觉	儿子怀疑他自己的思辨能力，而且觉得很丢脸

第 17 章 爱恋回避者的记录练习

为了避免和其他人分享和接受彼此真实的想法，我做了什么	我控制了什么	不好的结果

3. 度过了被纠缠、被控制、被利用的儿童时代，你可能会常常感觉别人有可能在控制你。利用下面的表格，描述你伴侣做了些什么、你为什么感到对方在控制你。然后，在第三列中，写下另一种可能：伴侣还有可能在担心些什么。

对方的行为	为什么这些行为像是在控制我	对方这么做可能还意味着
我的妻子问我拿了汽车年检的贴纸没有	我在家中是个成年男人。当我妻子这么做时，我觉得我像是一个被严厉的妈妈所控制的小男孩	我的妻子要自己开车去另外一个城市看她母亲，她不想在高速公路上被交警发现车上没有贴年检贴纸
我的女朋友问我有没有去探望我跟前妻生的小孩，孩子现在和前妻住在一起	我觉得她在试探我，看看我是不是还和前妻藕断丝连	她想要跟我亲密地聊天，而且想知道我最近在做什么
我的丈夫清理了车库，还把我种花的工具收好了，结果我找不到这些工具了	他在暗示我是一个邋遢的人，这样我才能自己把东西整理好	我的丈夫是为了腾出地方好把车停进车库里，才去清理车库的

第 17 章　爱恋回避者的记录练习　211

用以下的表格写下你生活中的例子：

对方的行为	为什么这些行为像是在控制我	对方这么做可能还意味着

爱恋回避者跟爱恋成瘾者在一起时的情感循环

描述你跟爱恋成瘾者在一起时的情感循环。你要回顾你的每一段共成瘾关系。（关于共成瘾关系的例子，你可以回顾本书第 5 章。）

姓名：

关系种类：

关系持续的时间：

1. 我是怎么出于责任感或者避免愧疚感而进入这段关系的？

2. 我躲在一堵诱惑的"墙"后与伴侣联结。我是怎样引诱我的伴侣的？

    A. 我表现出了怎样的力量感来让对方印象深刻的？

    B. 我是怎样对对方的需求表现出更多的关心？

    C. 我是怎样表现对对方的保护？

3. 在爱恋成瘾者对我的崇拜中，我感到情绪高涨。哪些事在关系的一开始让我感到情绪高涨？

4. 我感到被吞没或被控制。哪些事发生时，我开始觉得受不了对方对我如此依赖了？

5. 离开关系。我做了哪些事疏远爱恋成瘾者（如果已经发生了的话）？

6. 我是怎样出于愧疚感或害怕被抛弃而回到我的关系中的（如果已经发生了的话）？

康复

正如我们见到的那样,对于爱恋回避者(你)来说,恐惧亲密,源于你的信念:你认为这段关系只会耗尽你、吞没你,最终彻底控制你的生活。这种想法来自你儿童时期受过的情感虐待或者性虐待,或者来自你被父母情感吞没的经历。长大之后,你还是会认为亲密感没有半点好处。然而,你要避免的是被纠缠,而不是亲密感。因此,你的康复包括:①学会辨别健康的亲密感和纠缠,这样,你就能发觉亲密感是有意义且能够提升你生活质量的;②学会保护你自己的健康边界,不受其他人的纠缠。

(1)描述你需要做些什么来让你不再回避人际关系。(请给出具体的例子,例如,"不再每晚不回家"或"不再用争论控制他人",等等。)

(2)检视你生活中的共依赖的症状,特别是那些关于设定人际边界和理解现实(彼此真实的想法和感受)的症状。

A.使用下面的表格,写下你在儿时人际边界被照顾者侵犯的经历。然后,写下这些经历对成年时期的你的影响。

例子

童年时人际边界被侵犯的例子	边界被侵犯对成年生活的影响
我父亲时常在身体上虐待我。他会用指节敲我的胳膊,或者拧我的大腿,直到我哭出来	现在我很不喜欢别人碰我。当别人碰我时我会觉得很危险

童年时人际边界被侵犯的例子	边界被侵犯对成年生活的影响

B. 写下你在儿童时期，照顾者利用你的想法和感受控制或操纵你的经历。

（3）在下面的表格中，左栏写下你为了避免被他人了解而使用的"墙"；右栏写下如何用健康的人际边界保护自己时，也减少对自己和他人的不良后果。

例子

用过的"墙"	健康的边界可以怎样保护自己的同时减少不良后果
沉默不语	如果我有健康的内在边界，我可以在妻子询问我的偏好时给出回答；而且，如果我的妻子不喜欢我的偏好，我也不会感到内疚或羞愧

用过的"墙"	健康的边界可以怎样保护自己的同时减少不良后果

（4）在下面的表格中，左边一栏写下你正在独自处理的事情。在右边写下你可能会用什么方法寻求支持（告诉别人，这样别人可以了解你的情况而且关心你）和帮助（让其他人帮你，或者跟你一起做这件事）。

例子

正在独自处理些什么	可以寻求怎样的支持和帮助
我儿子和他妈妈（也就是我前妻）一起生活。他来看我时，偷了我的钱。我不知道该怎么做，但发现钱不见时，我非常生气	我可以把我的怀疑告诉我的现任妻子，让她给我一些建议，告诉我应该怎么做
我的老板让我想起我的父亲，这让我很难跟他相处	我可以把这些感觉告诉我的妻子，而且告诉她只是想让她理解我的处境，我也正在想办法克服。或者，我可以和咨询师讨论我和我老板的问题，一起探讨一下为什么他会让我想起我父亲

正在独自处理些什么	可以寻求怎样的支持和帮助

（5）在下面的表格中，左边一栏写下你回避人际关系、回避亲密（分享和接受彼此真实的想法和感受）的方法；右边写下你愿意用什么方法来和这段关系中的人进行交往。

回避人际关系中与对方亲近的方法	愿意用什么方法来和关系中的他人在一起
每天晚上下班后，我都会去做义工，或者去酒馆喝酒	我愿意每周有至少两个晚上待在家陪我的孩子，这样我就可以帮助他们做作业，或者陪他们聊聊天。我也应该在这两晚陪我的妻子，这样她就可以跟我说话，聊聊她对收入支出的担心

回避人际关系中与对方亲近的方法	愿意用什么方法来和关系中的他人在一起

（6）在下面的表格中，左边一栏写下你控制关系的方法，右边写下你除了控制关系之外，还能够做些什么。

例子

控制关系的方法	除了控制之外还能做什么
生气地争论	平静地说出我的观点，有礼貌地倾听对方说他的观点
总是唠叨花钱的事	为我的妻子开一个单独的账户，这样她就不需要每次花钱之前都跟我报备了
批评我儿子，说他没有说服力	学会拒绝的时候不要攻击他

控制关系的方法	除了控制之外还能做什么

结论

我们的康复

无论你是爱恋成瘾者还是爱恋回避者,当深陷于共成瘾关系的情感循环时,你可能会对康复相当绝望。然而本书的三位作者的工作和生活都能证明,康复大有希望。

当艰难地写这本书时,我们回想起各自在共成瘾关系中遇到了多少困难,又得到了多少治疗。我们在人际关系中得到了在几年前难以想象的宁静。康复的过程很不容易,而且我们曾经都不止一次地回到原来的习惯中。然而令人惊奇的是,我们变得更有觉察力了。我们不再那么频繁地操控和攻击他人了,虽然我们以前总会这样对待他人。拥有健康的边界后，我们不再像机器人一样对伴侣自动反应。我们不常像过去那样情绪爆发，也更少徘徊在痛苦和惊恐的轨道上了。

随着越来越多地享受到健康的人际关系，我们能够在与身边的人相处时放弃一些幼稚且歪曲的想法和期待，生活也变得越来越好。我们更能自如地协调分歧，我们更能看到自身在关系中的价值，更能够向伴侣直接提出对亲密或支持的需求。

我们希望通过这种看待人际关系痛苦的角度，可以帮助你更好地识别并接受你生活中的爱恋成瘾问题，勇敢地面对痛苦，并进入康复的过程。我们借本书向读者说明，童年时期被抛弃或受伤害的经历不一定会继续贻害我们的成年生活。我们和很多其他患者都发现了出路。这条康复之路需要勇气、信心、耐力，需要一种走出黑暗、进入光明的愿望，需要对更带有尊严、更真实、更平静的生活方式的渴望。当走向康复时，我们就不再贻害我们的孩子。

童年时不健全的家庭会给我们植入"我受不了这种痛苦"这类不成熟的想法，但这不是真的。在对幸福的追求中，我们可以忍受现实中的痛苦。更重要的是，这种痛苦可以转化为分娩前的阵痛，预示着新的生命体验和康复之旅的开始。

欢迎加入我们！

附录 A

一些关于爱恋成瘾的心理学文献

从 1975 年斯坦顿·皮尔和阿奇·布罗德斯基合著的《爱和成瘾》开始,"爱恋成瘾"一词出现在心理学文献和通俗著作中。在《爱和成瘾》中,他们提出,某些形式的爱实际上是成瘾,而且可能比广为人知的阿片类物质更有危害。在描述成瘾的心理逻辑时,作者们强调一段看似和谐美满的爱情实际上掩饰了一种对世界的退缩。这种成瘾和双方的缺失感有关。

在更早的时候(1974 年),皮尔和布罗德斯基在《今日心理学》(*Psychology Today*)发表的一篇文章中,指出爱恋成瘾者可能是这样的一种人：需要其他人为他们安排生活，而且把自己和其他人隔绝开来，只投入在不具有成长性，而且"几乎不可能结束"的关系中。

简·西蒙（Jane Simon，1975）讨论了爱情的两个方面：健康和神经质。她把神经质的爱情与吸毒成瘾在消极、疏离、低自尊和剥削他人等方面进行了比较。她认为，健康、成熟的爱情中不存在相互剥削，而且会促进双方的个人成长和自我实现。

七年后，西蒙（1982）提出了两种类型的亲密关系：成瘾性的亲密关系和自我实现的亲密关系。她讨论了成瘾性的亲密关系中的发展问题、性别差异以及治疗过程。

凯利·布斯（Kerry Booth）在 1969 年指出，男性酗酒者需要保持一种依赖状态，避免独立。

20 年后，娜丁·特罗克梅（Nadine Trocme）在期刊《心理医学》（*Psychologic Medicale*，1989）中指出了酗酒者在治疗时，患者对一切客体关系的依赖和回避。在文献中，她报告了一个病人在童年时与母亲之间的病态依赖关系，而且，病人在之后和伴侣及其他生活中的重要角色都重复了这种依赖模式。这一研究与本书相关。

早在 1981 年，玛丽·亨特（Mary Hunter）等人就制定了一个"爱情量表"来衡量爱情成瘾的程度。澳大利亚的朱迪思·菲尼（Judith Feeney）和帕特里夏·诺勒（Patricia Noller，1990）也开发了一个类似的量表，测量"依恋风格"、依恋史、对关系的信念、自尊、痴恋[一]（limerance）、爱意和恋爱风格。在填写这个量表的被试中，有过童年被遗弃经历或与强势父母疏远的被试，表现得更缺乏独立性，并渴望在关系中得到深刻的承诺。数据分析表明，依恋风格与自尊密切相关，因此也与儿童时期和父母的关系历史密切相关。

多萝西·刘易斯（Dorothy Lewis，1991）等人在针对女性罪犯的研究中发现，与男性罪犯相比，来自虐待家庭的女性往往纠缠在暴力关系中。

A. 查尔斯－尼古拉斯（A. Charles-Nicolas，1989）等人探讨了青少年和年轻成人吸毒成瘾的童年根源。尽管他们没有假设吸毒者的童年创伤事件与他们目前的毒品依赖之间有任何因果关系，但他们发现，吸毒者无法完全回想起这些创伤，这使他们诉诸毒品，而不是在脑海中面对这些创伤。他们的结论是，功能失调的母婴关系（例如，"融合或排斥"）似乎与后来的药物依赖密切相关。

格兰特·马丁（Grant Martin，1989）用成瘾模型描述婚姻问题。他将成瘾定义为一种渐进的失能：无法开始或停止一种活动，并且有破坏性的后果。马丁将爱情成瘾分为三种不同的类型（浪漫、关系和性），并介绍了每种类型的特点和程度，以及一些治疗建议。

斯坦顿·皮尔在1985年的文章中提出重新评估成瘾本质的要求，因为人们越来越认识到对吸毒以外的活动上瘾的可能性。也就是说，学界需要重新评估成瘾与生物基础及文化和个人对成瘾的理

[一] 指比"一见钟情"更加强烈的喜爱。——译者注

解（对其他行为的上瘾）之间的相关性。他提出了一个能成功描述"泛瘾"（pan-addiction）的理论模型需要满足的条件。

理查德·米勒（Richard Miller，1987）就建立一个统一的成瘾理论对先驱斯坦顿·皮尔在1975年发表的研究提出质疑。他的讨论包括对成瘾行为、成瘾治疗以及对体验（例如爱、压力）和物质成瘾的讨论。

托马斯·蒂姆雷克（Thomas Timmreck，1990）讨论了关于"爱恋成瘾"的文献，并提供了一些见解和治疗方法，他说这些方法对爱恋成瘾的个案是有效的。

纵观上述心理学文献，再看一看本书的推荐阅读，就会发现，几乎所有关于爱恋成瘾的文献都是在过去十年中写成的，而且其中很多都与我们所说的爱恋成瘾无关。正如我们在前言中提出的那样，我们意识到我们"已经超越了目前的心理学研究"。影响本书所说的爱恋成瘾或共成瘾关系的因素很多。本书作者主要依靠皮亚·梅洛蒂的临床经验来描述这种痛苦的、强迫性的人际关系，而这种人际关系正在残害成千上万的人，令他们对自己关系中的强烈痛苦感到困惑和迷茫。

参考文献

Booth, Kerry G. (1969) *Dissertation Abstracts International* 30(4–8): 1893. Norman, OK: University of Oklahoma.

Charles-Nicolas, A., Voukassovitch, C., and Touzeau, D. (March–April 1989) *Annales Medico-Psychologiques* 147(2): 241–44.

Feeney, Judith A. and Noller, Patricia. (February 1990) *Journal of Personality and Social Psychology* 58(2): 281–91. Brisbane, Australia: University of Queensland.

Hunter, Mary S., Nitschke, Cynthia, and Hogan, Linda (April 1981) *Psychological Reports* 48(2): 582. Arlington: University of Texas Graduate School of Social Work.

Lewis, Dorothy O., Yeager, Catherine A., Cobham-Portorreal, Celeste S., and Klein, Nancy, *et al.* (March 1991) *U.S. Journal of the American Academy of Child and Adolescent Psychiatry* 30(2): 197–201. New York: New York University Medical Center, Dept. of Psychiatry.

Martin, Grant L. (Winter 1989) *Journal of Psychology and Christianity* 8(4): 5–25. Seattle, WA: CRISTA Counseling Service.

Miller, Richard E. (1987) *Employee Assistance Quarterly* 3(1): 35–56. Webster, NY: Xerox Health Management Program.

Peele, Stanton (March 1985) *British Journal of Addiction 80*(1): 23–25. Morristown, NJ: Human Resources Institute.

Peele, Stanton and Brodsky, Archie. *Love and Addiction* (Harvard: Harvard University Business School, 1975).

Peele, Stanton and Brodsky, Archie. (August 1974) *Psychology Today 8*(3): 22.

Simon, Jane. (Winter 1975) *American Journal of Psychoanalysis 35*(4): 359–64.

Simon, Jane. (Fall 1982) *American Journal of Psychoanalysis 42*(3): 253–63. New York: Institutes of Religion and Health.

Timmreck, Thomas C. (April 1990) *Psychological Reports 66*(2): 515–28. San Bernardino, CA: California State University.

Trocme, Nadine. (December 1989) *Psychologic Medicale 21*(14): 2143–46. Paris, France: Boucloaut Hospital, Internal Medicine Service.

推荐阅读

Ackerman, Robert, and Susan Pickering. *Abused No More: Recovery for Women in Abusive and/or Codependent Alcoholic Relationships.* Blue Ridge Summit, PA: TAB Books, 1989.

Arterburn, Stephen. *Addicted to Love: Recovery from Unhealthy Dependency in Love, Romantic Relationships and Sex.* Ann Arbor, MI: Servant Publications, 1991.

Bireda, Martha. *Love Addiction: A Guide to Emotional Independence.* Oakland, CA: New Harbinger, 1990.

Covington, Stephanie. *Leaving the Enchanted Forest: The Path from Relationship Addiction.* San Francisco, CA: HarperSanFrancisco, 1988.

Cruse, Joseph. *Painful Affairs: Looking for Love Through Addiction and Codependency.* New York: Doubleday, 1989.

Diamond, Jed. *Looking for Love in All the Wrong Places: Overcoming Romantic and Sexual Addictions.* New York: Putnam Publishing Group, 1988 and 1989.

Firestone, Robert W., Ph.D. *The Fantasy Bond: Effects of Psychological Defenses on Interpersonal Relations.* New York: Human Sciences Press, Inc., 1987.

Gorski, Terence T. *The Players and Their Personalities: Understanding People Who Get Involved in Addictive Relationships.* Independence, MO: Herald House, 1989.

Grizzle, Ann. *Mothers Who Love Too Much: Breaking Dependent Love Patterns in Family Relationships.* Westminster, MD: Ivy Books, 1991.

Imbach, Jeff. *The Recovery of Love: Christian Mysticism and the Addictive Society.* New York: The Crossroad Publishing, 1991.

Kasl, Charlotte D. *Women, Sex, and Addiction: The Search for Love and Power.* San Francisco, CA: HarperSanFrancisco, 1990.

Lee, John H. *I Don't Want To Be Alone: For Men and Women Who Want to Heal Addictive Relationships.* Deerfield Beach, FL: Health Communications, 1990.

Lorrance, Laslow. *Love Addict at Eighty-Four: Confessions of an Old Romantic.* New York: Vantage, 1991.

May, Gerald G. *Addiction and Grace: Love & Spirituality in the Healing of Addictions.* San Francisco, CA: HarperSanFrancisco, 1991.

Mellody, Pia, and Andrea Wells Miller. *Breaking Free: A Workbook for Facing Codependence.* San Francisco, CA: HarperSanFrancisco, 1989.

Mellody, Pia, with Andrea Wells Miller and J. Keith Miller. *Facing Codependence: What It Is, Where It Comes From and How It Sabotages Your Life.* San Francisco, CA: HarperSanFrancisco, 1989.

Miller, Joy. *Addictive Relationships: Reclaiming Your Boundaries.* Deerfield Beach, FL: Health Communications, 1989.

Norwood, Robin. *Women Who Love Too Much.* New York: St. Martin's Press, 1985.

Norwood, Robin. *Letters from Women Who Love too Much: A Closer Look at Relationship Addiction and Recovery.* New York: St.

Martin's Press, 1988.

Paul, Jordan and Margaret Paul. *From Conflict to Caring.* Minneapolis, MN: CompCare Publishers, 1988.

Peabody, Sue. *Addiction to Love.* Berkeley, CA: Ten Speed Press, 1989.

Peele, Stanton, and Archie Brodsky. *Love and Addiction.* New York: NAL-Dutton, 1976 and 1987.

Ricketson, Susan C. *Dilemma of Love: Healing Codependent Relationships at Different Stages of Life.* Deerfield Beach, FL: Health Communications, 1990.

Sandvig, Karen J. *Growing Out of An Alcoholic Family: Overcoming Addictive Patterns in Alcoholic Family Relationships.* Ventura, CA: Regal, 1990.

Schaef, Anne Wilson. *Escape from Intimacy: Untangling the "Love" Addictions: Sex, Romance, Relationships.* San Francisco, CA: HarperSanFrancisco, 1990.

Schaeffer, Brenda. *Is It Love or Is It Addiction?* San Francisco, CA: HarperSanFrancisco, 1987.

Weinhold, Barry. *Breaking Free of Addictive Family Relationships.* Dallas, TX: Stillpoint, 1991.